세계 대표 기업들이 협동조합이라고?

전 세계 수십억 명이 활동하고 있는 협동조합 철저 분석

세계 대표 기업들이 **협동조합이라고?**

전성군 · 송춘호 지음

전 세계 **수십억 명**이 활동하고 있는 **협동조합**

현재 전 세계 100여 개 국가 10억 명 가까운 인구가 다양한 영역의 협동조합에서 조합원으로 활발히 활동 중에 있다. 우리나라도 최근 들어 협동조합에 대한 전 국민의 관심이 높아지고 있으며 신설협동조합도 급속히 증가하고 있다.

글로벌 금융위기가 발생했을 당시 협동조합은 구조조정의 최소화, 빠른 경영 정상화로 지역경제 안정에 기여한 것으로 평가됐다.

협동조합 중에서도 농협은 우리나라에서뿐만 아니라 유럽 대부분의 나라에서 비중이 매우 큰 보편적인 형태의 협동조합이다. 역사적으로 볼 때는 국가별 사회경제적, 제도적 환경에 따라 다양한 성격을 가진 협동조합이 골고루 발전하였다. 영국의 경우 로치데일 형 소비자협동조합의 영향력이 매우 크며, 독일, 스웨덴, 미국에서는 주택협동조합이나 이용협동조합이 크게 발전하였다. 산업자본주의로서 진입이 늦었던 후발국가인 프랑스는 노동자협동조합이 발전하였으며, 이탈리아는 지역네트워크형 생산협동조합이 산업발전을 주도하였다. 스페인의 몬드라곤, 이탈리아의 볼로냐와 트랜티노, 캐나다의 데자르댕은 협동조합의 성공 모델로 각광을 받고 있다.

자본주의가 고도로 발전한 미국에서는 4만 8천여 개의 협동조합에 약 1억 2천만 명의 조합원이 가입되어 있고, 유럽도 13만 개 협동조합의 조합원 수가 8,300만 명에 달한다. 바야흐로 협동조합의 시대라 하여도 과언이 아닐 것이다.

누구나 설립 및 참여하여 활동할 수 있다

우리나라도 새로운 협동조합 설립이 가능해졌다.

전에는 협동조합적 방식에 따라 운영되는 조직체가 있다 할지라도 자유롭게 설립할 수 있는 법적 근거가 없었지만, 2012년 12월 1일, 5명 이상이 모여 업종과 분야에 관계없이 다양한 형태의 협동조합 설립을 가능하게 한 '협동조합 기본법' 이 공포되었다. 단, 기존의 특별법으로 설립할 수 있는 농협 같은 협동조합은 적용 대상에서 배제되었다.

협동조합 기본법으로 인하여 그 전까지는 추상적으로 다가오던 사회적 경제라는 영역이 구체적인 현실 경제의 한 축으로 자리 잡는 신호탄이 되었다고 할 수 있다.

협동조합을 제대로 이해하고 설립하려면 전 세계 각 나라의 협동조합의 사례뿐만 아니라 우리나라 협동조합의 대표 격인 농업협동조합(농협)의 시스템과 장 · 단점 또한 제대로 알아두어야 할 것이다.

이에 이 책은 협동조합에 관한 실용적인 안내 역할을 하기 위해 총력을 기울이고 다음과 같은 내용을 수록하였다.

1. 협동조합의 전 세계적 대표 사례와 유형, 2. 역사와 발전과정, 3. 실제 현장에서의 경영 노하우와 꼭 알아야 할 기본상식, 4. 농협에 대한 이모저모 등을 항목별로 자세히 다루고 상세히 안내하였다. 두 공저자와 함께 협동조합 연구 및 교육 경험에 의한 전문적이고 실질적인 지식을 망라함과 더불어, 그동안 교육현장에서 모아온 수많은 의견과 정보를 누구나 이해할 수 있도록 간추리고 엄선하였다.

이 책이 협동조합 조합원으로 활동하고 싶거나 협동조합을 새로이 설립 및 경영하고 싶은 대한민국의 모든 독자들에게 실용적인 길잡이 역할을 할 수 있으리라 기대한다.

2015년 8월

전성군 · 송춘호

차례

제 3 장
시행착오를 줄이는 협동조합 설립과 경영 노하우

제 4 장
사례로 보는 농협의 이모저모

제 1 장

세계는 지금 협동조합 설립 열풍

지금 전 세계는 왜 협동조합 설립 열풍이 불고 있을까? 유럽 여러 나라와 북미, 아시아에서 성공적으로 발전한 협동조합 사례들을 통해 글로벌 트렌드를 이해하고 우리나라 협동조합의 미래를 점쳐볼 수 있을 것이다.

1

국가별 협동조합 **활동영역**

지금 우리는 왜 협동조합에 주목해야 할까?

유럽과 북미를 비롯한 전 세계 각국 및 선진국들은 다양한 분야에서 활동하는 협동조합의 역사를 가지고 있다. 2012년은 UN이 정한 '세계 협동조합의 해'로서 협동조합에 대한 논의와 시도가 전 세계적으로 더욱더 활발해졌다.

협동조합이 만든 시스템을 통해서 개인의 욕망을 사회적 가치로 성공적으로 변환시키는 힘. 우리가 협동조합에 주목해야만 할 가장 중요한 이유일 것이다.

전 세계적으로 발달되어 있는 각국의 대표적인 협동조합들은 분야도 다양하고 규모와 시스템도 뛰어나다. 대륙 권역별로 다음과 같은 협동조합 사례들을 만나보자.

유럽권

국가경제의 선순환 구조를 만들어내는

스위스 : 소비자 협동조합

스위스 유통업계의 양대 축은 소비자 협동조합 미그로스(Migros)와 코프 스위스(Coop Swiss)로 식품시장의 42.7%를 점유한다. 스위스 유통업계 1, 2위로 소매시장의 29.9%를 담당하면서도 술과 담배는 판매하지 않고 매출의 1%는 사회적 활동에 사용된다.

소비자 협동조합 미그로스는 10개의 지역 협동조합이 참여한 소비자 협동조합으로 50개의 협동조합 기업에서 8만 4천 명의 직원이 연간 10조 원의 순이익을 올리고 있다. 조합원이 200만 명으로 생필품의 유통 마진을 줄여 경쟁업체보다 40% 저렴한 가격으로 판매하고 있다. 전 세계 협동조합 중 가장 대표적인 곳 중 하나로 꼽히며 스위스 인구 700만 명 중 200만 명이 조합원일 정도로 삶의 한 부분을 차지한다.

코프 스위스는 전국 단일 생활협동조합을 지향하며 5만 명의 직원이 연간 3천 8억 원의 순이익을 올리고 있다. 조합원이 250만 명으로, 2002년 입성한 다국적 유통자본 까르푸 매장 12개를 2008년에 모두 인수한 것으로도 유명하다.

대형마트의 저가정책보다 생산지와 품질, 지역경제를 중요시하는 소비자의식과 협동조합이 국가경제를 지탱하는 기둥으로 기능하고 있다. 조합원은 이윤 증대를 요구하기보다 값싸고 질 좋은 물건을 요구하고, 협동조합 기업은 단기 이익에 매이지 않는 지속가능 경영으로 경제의 선순환 구조를 만들어낸다.

스위스에서는 소매유통 이외에도 국민이 살아가는 데 필요한 음식, 금융, 문화, 유류, 가구, 휘트니스 등의 대부분의 서비스를 협동조합이 제공한다.

다양하고 풍부한 협동조합의 롤모델
이탈리아 : 에밀리아 볼로냐, 트랜티노

협동조합의 메카 에밀리아 볼로냐 지역

이탈리아의 에밀리아 볼로냐 지역(인구 430만 명)은 8천여 개의 협동조합과 40만 개의 중소 · 영세 기업이 지역경제의 발전을 선도하고 있다.

에밀리아 볼로냐 지역의 협동조합은 지역 총생산의 30%를 점유하고 볼로냐 시 경제의 45%를 차지한다. 또한 생활협동조합과 상인협동조합이 소매시장의 28%를 담당한다. 생협 매장은 크고 작은 협동조합 기업들이 생산한 수많은 상품의 안정적 판로를 제공하며, 중소규모 슈퍼 상인협동조합 코나드(CONAD)가 10.2%, 레가코프 생협(Lega Coop)이 17.8%를 차지한다.

아울러 다양한 협동조합 간의 협동으로 혼자서 할 수 없는 영역의 지평을 열어가고 있다. 볼로냐 시의 협동조합은 어린이 연극 협동조합(La Baracca), 홍보기획서비스 협동조합(Kitchen Coop), 노숙인 자활 협동조합(Coop La Strada), 주택건설시행 협동조합(Muri), 유기농업 협동조합 컨소시엄(Libera Terra), 소비자 협동조합(Coop Adriatica), 도서 협동조합(Librerie Coop) 등 매우 다양하다.

돌봄 노동자 협동조합(Cadiai), 건축 협동조합(Cipea), 급식 협동조합(Camst)은 어린이집 건축과 운영 프로젝트를 공동으로 실행하여 협동조합끼리 협동하는 모범을 보이고 있다.

풍부한 협동조합의 고향 트랜티노

이탈리아 북부의 트랜티노주는 다양하고 풍부한 협동조합의 고향이다. 전체 인구 44만 명 중 협동조합 조합원이 20만 6천 명으로 전 세대의 3분의 2나 된다. 223개의 도시와 마을에 1천 개가 넘는 협동조합들이 있다.

20세기로 전환하던 무렵 이탈리아는 무척 빈곤했으며 많은 가족과 공동체는 미국과 다른 나라로 이민을 갔다. 이 무렵 영향력 있는 신부 돈 로렌조 귀에티(Don Lorenzo Guetti)는 1890년 이 지역 첫 번째 협동조합인 가족협동조합을 설립하였다. 이 협동조합은 단순히 지역주민에게서 이익을 얻기보다는 지역주민들의 필요와 바람에 봉사하기 위한 생협 점포였다. 그 후 이 점포는 연쇄반응을 일으켜 1892년엔 첫 번째 협동조합은행인 농촌은행(카사, 루랄레)이 설립되었다. 이 은행은 높은 수준의 수수료도 받고 농민들에게 저이자 대출을 하여 농촌을 활성화시켜서 곧 농민들이 함께 생산하여 생산 경비를 줄이고 중간 상인을 배제하는 농협이 생겼다. 나중에는 노동자협동조합과 장애자들을 지원하고 장애자들의 필요에 부응한 사회적 협동조합이 생겼다.

최근에는 조사연구, 기획, 세탁, 케이터링(도시락 배달), 삼림, 마케팅, 환경과 같은 영역에서도 새로운 협동조합들이 생겨나고 있다.

현재 트랜티노 주에는 341개 지점을 가진 69개의 협동조합은행이 있는데 이들의 계좌 수는 이 지역 전체의 60%를 차지한다. 한 중앙 도매업자와 판매업자들이 지역 생협에 공급하는 그 지역산 농산물은 전체 구성 중 8%를 차지한다. 이들 협동조합들은 연합조직인 트렌티노 협동조합 연합회을 결성하였고, 이 연합회는 회원조합들의 지원, 상담, 대표, 감사업무 등을 담당하고 있다.

협동조합은 민주적으로 운영되며 다양한 방법의 참가를 통해 힘을 얻는다. 이사회는 조합원들에 의해 선출되며, 조합원들을 대표하는 감사회(probiviri)가 이들을 체크하고 조합원들에게 보고한다. 이 감사회는 조합원의 불만과 갈등을 해결한다.

금융 분야의 세계적 선두주자

네덜란드 : 라보은행

네덜란드의 라보은행은 조합원 180만 명, 48개국의 고객 1천만 명, 직원 5만 8700명, 자산 6525억 유로(약 1011조 원, 2010년 말 기준)로, 네덜란드 3대 금융기관이자 세계 25위의 은행이다.

은행업무, 보험, 연금, 자산관리와 투자, 리스계약, 부동산 업무, 모기지론을 취급하며, 이 모든 서비스 분야에서 선두주자이다. 37개국에 244개의 지점을 두고 고객의 필요에 부응하기 위한 광범한 분야에 걸친 '금융백화점' 이 될 것을 목표로 삼고 있다. 이런 목표를 성취하기 위해서 라보은행은 대단히 전문화된 사업을 만들었다. 라보은행은 세계에서 가장 높은 신용등급을 지니고 있다.

현재 141개 지역은행을 둔 라보은행은 네덜란드 농업금융의 84%, 저축의 41%, 주택담보대출의 30%, 중소기업 분야 금융의 38%를 차지하고 있다(2007년 말 기준). 조합원에게 따로 배당을 하지 않는다. 라보은행은 지난 100여 년 동안 적립금을 축적해 세계에서 세 번째로 안전한 은행으로 평가받고 있다.

141개 지역은행은 12개의 지역대표자회의로 묶이고, 이 12개의 지역대표자회의에서 각각 6명씩 선출해 중앙대표자회의(총 72명)를 구성한다. 이 회의는 일종의 의회 구실을 한다. 1년에 네 차례 소집되는데 중앙 감독위원회 의장이 회의를 주재하며 중요한 정책을 심의하고 정책 대안을 제시한다. 중앙 라보은행에 대한 지역 라보은행의 영향력을 강화한 것이다.

최근 35년 동안 작은 은행들은 정보기술의 도입과 같은 발전에 발을 맞추어 합병을 거듭해왔다. 직접 은행을 방문하는 경우는 줄어들고 전화와 인터넷을 이용한 상담과 안내가 특히 일반화되었다. 몇 군데는 자기네들끼리 경쟁하는 관계임을 알고 합병을 하기도 하였다.

지역의 은행이 지녀야 할 기본목표는 '가능한 작게', '가능한 많은 이들이 이용하는 것' 이다. 실제로 라보은행은 아직도 그들의 독립적인 관리운영, 조합원이 이사회 이사들을 선출함을 유지하고 있다. 이들 이사들은 무급이며, 관리코스트는 여전히 낮다.

조합원제도는 아직도 자발적이나 지역 라보은행들은 조합원을 유지하기 위해서 보다 적극적인 참가를 육성하고 새로운 조합원 확대를 위해 노력하고 있다. 예를 들어 조합원 한정의 특별상품과 이자율을 제시한 결과 1999~2005년 사이에 조합원은 거의 3배로 증가하였고, 지역 라보은행의 조합원들 모임은 25.50% 증가하였다.

라보은행은 환경과 윤리적 원칙에 근거한 금융상품을 제공함으로써 적극적인 사회적 공헌을 하고 있다. 개발도상국, 앰네스티 인터내셔널, WWF(국제자연보호기금)의 환경관련 프로젝트를 지원하는 것이 대표적인 예이다. 지역의 라보은행들 역시 네덜란드 전역에서 1천개 이상의 프로젝트를 지원하고 있다.

전 세계 협동조합의 메카

스페인 : 몬드라곤 협동조합 복합체, FC바르셀로나

자본주의의 한계를 극복한 성공사례, 몬드라곤 협동조합 그룹

스페인 협동조합의 30% 이상은 노동자협동조합이 차지하며, 그 대표적인 것이 1956년 바스크 지역에 세워진 몬드라곤 협동조합이다.

몬드라곤은 금융, 제조, 유통, 지식부문에 속한 260여 협동조합 기업으로 이루어진 협동조합 그룹이다. 금융부분에서 대표적인 조직으로 노동인민금고가 있고, 의료보험, 산재보험, 고용보험, 국민연금, 생명보험 등이 있다. 제조부분에서는 파고르 전자, 그리고 빌바오 구겐하임 미술관을 시공한 우르사 건설사가 대표적이다. 유통부분에서는 스페인 최대 슈퍼마켓 체인점인 에로스키가 있고, 지식부분에는 기술연구소와 몬드라곤 대학이 대표적이다.

몬드라곤 그룹에서는 1인 1표 원칙에 따라 운영되는 조합원 총회에서 주요한 모든 사안이 결정되고, 통상 수익의 50%를 기업 내부에 적립하여 재정 건전성 확보에 애쓰며, 40%는 출자금에 대한, 이자 및 배당 등의 형태로 조합원에게 배분되며, 나머지 10%는 지역사회공헌기금으로 사용된다. 스페인 기업 순위 7위로 사회적 경제의 새로운 가능성을 입증하고 있는 세계 최고의 협동조합이다.

2010년 매출 139억 8,900만 유로, 총자산 330억 9,900만 유로, 금융, 제조, 유통, 지식의 4개 부문, 260여 개의 회사에서 8만 4천 명의 노동자가 일하는 스페인 7위 '재벌기업' 으로, 260여 개 기업 중에는 스페인과 프랑스에 2,100개 넘는 매장을 가진 스페인 제일의 대형 마트 체인점과 전국에 420여 개 지점을 보유한 노동인민금고라는 이름의 스페인 10대 은행을 보유한 기업이 있다.

이 기업은 제트엔진용 가변전지도 만들고, 위성 발사용 로켓 센서 설비도 만든다. 세계 최고의 건축물로 손꼽히는 빌바오 구겐하임 미술관도 이 기업에서 만들어 올린 것이다. 의료장비, 엘리베이터, 소시지, 도시락, 사료까지 만들어서 판다. 여행사무소, 헬스클럽 사업도 벌이며, 유치원, 대학, 보험 및 연기금도 자체적으로 운영하고 있다. 기업 인수를 위해서 3억 유로의 채권을 발행하기도 하고, 또는 직접 28억 유로의 비용을 들여서 기업을 인수하기도 한다. 780만 명의 연구자가 일하는 5,900만 유로 예산의 기술연구소를 운영하고 있다. 이 연구소 중에는 '에틱 마이크로소프트' 라는 이름의, 마이크로소프트와 공동 설립한 연구소도 포함되어 있다.

엄격한 심사를 거치고 조합원의 동의만 얻을 수 있다면 몬드라곤에서는 누구나 경영자가 될 수 있다. 그리고 이 경영자는 개인과 조합의 발전, 목표 실현을 위해서 편안하고 부담이 적은 평조합원으로서의 삶의 유혹을 떨쳐낸 사람들이다. 몬드라곤 성공의 비밀은 여기에 있는지도 모르겠다.

몬드라곤은 보다 헌신적인 사람, 보다 자발적인 사람, 보다 능력 있는 사람이 자신이 가진 역량을 최대한 발휘할 수 있게 이들에게 보다 많은 기회와 권한을 제공한다. 그리고 성공하든 실패하든 그 결과를 모든 조합원이 공동으로 나누어 가진다. 실패를 할 경우, 힘들게 적립한 노동인민금고의 기금이 투입되기 때문에 다른 조합의 조합원이라고 해도 추진되고 있는 사업에 관심을 가질 수밖에 없다. 따라서 몬드라곤에서는 사업의 규모가 클수록 더 많은 집단지성이 발휘된다.

몬드라곤은 창업을 제도적으로 지원하고, 실패를 용인하고 공동의 기금을 사용하여 손실을 나누어 가진다. 물론 이익도 동등하게 나누어 가진다. 그리고 특정 조합을 성공시키기 위해서 많게는 3만 명이 넘는 몬드라곤의 조합원이 집단지성과 집단구매력을 발휘한다. 그리고 이 모든 과정이 조합원의 자발적 동의와 합의, 참여에 의해 결정되고 추진된다. 이것이 몬드라곤의 힘이다.

현재 자본주의 시스템이 부딪힌 문제를 근본까지 되짚어 보면 결국은 노동자의 시민권과 사유재산, 시장 간의 충돌이다. 객관적 상황이 만들어 내는 갈등의 정도에 따라서 둘 간의 충돌의 정도가 미미할 수도 격화될 수도 있으나 '현재의 삶의 방식이 과연 지속가능할 것인가?'라는 질문에 긍정적 대답을 할 사람은 그리 많지 않아 보인다. 지금 우리에겐 대안이 필요하며, 몬드라곤은 이제까지 양립 불가능한 것으로 보였던 시민권과 사유재산, 시장을 성공적으로 융합시킨 가장 성공적 사례 중 하나이다.

협동조합의 취지를 살린 FC바르셀로나

FC바르셀로나는 1899년 지역신문에 공고를 내어 창설하였다. 원래는 행정 및 관리업무를 선수들 자신들이 하였다. 1957년 수용인원 시설과 4만 명의 회원을 보유한 그 유명한 캄프 누(Camp Nou)가 개장되었다.

FC바르셀로나의 독특한 경영은 17만 명이 넘는 출자자들이 운영하는 협동조합인 데서 비롯되었다. 세계 최대 보험회사 알리안츠, 미국의 AP통신 등도 농협과 같은 협동조합 형태로 운영되는 대표적 기업이다.

FC바르셀로나는 조합원 공동의 경제, 사회, 문화적 필요와 욕구 충족을 위해 민주적으로 운영하는 협동조합의 기본 취지를 잘 지키고 있다. 거액을 주고 유명 선수를 스카우트하는 것을 최대한 자제하고 유소년 축구클럽을 통해 유망주 육성 시스템을 운영해 스타 선수를 배출하는데도 유명하다. 현재 축구계 최고의 선수라는 리오넬 메시 등 베스트11의 절반 이상이 이 시스템 출신이다. 2006~2010년에는 연간 수백억 원에 달하는 유니폼 스폰서 수입을 포기한 채 선수들이 유니세프 로고가 새겨진 유니폼을 입고 뛰었으며, 구단 수입의 0.7%를 에이즈에 감염된 어린이를 위해 쓰도록 유니세프에 기부했다.

여러 회원서비스와 오피스 및 인포메이션 포인트(센터)도 구장에 배치되어 있다. 스페인, 유럽 등 세계에 1,600명의 서포터즈 클럽을 보유하고 있고 자문회의 구성원도 선출된다. 또한 민원을 듣고 회원들이 정당하게 대우받고 있는지를 조사하는 옴부즈맨을 두고 있다.

클럽의 다른 부문인 농구, 핸드볼, 롤러하키, 육상, 배구, 사이클링, 여성 풋볼, 필드하키, 아이스하키, 피겨스케이팅, 럭비 모두 국제 수준의 실력에 이르는 성공을 거두었다. 2004년 이러한 클럽 부문에서 829개의 타이틀을 얻었다. 또한 여러 개의 비직업 부문도 두고 있다.

시민의 생활양식에 변화를 불러온 협동조합

영국 : 수마 자연식품

영국의 수마 자연식품(Suma Whole Foods)은 1974년 리즈에 있는 자기 집에서 식품을 유통하던 한 남자에 의해 창립되었다. 그 이전에는 자연식품의 공급은 런던에서만 가능했다. 그런데 자연식품을 공급해달라는 요구가 무척 많았기 때문에 수마는 급속하게 성장하여 7명을 고용하여 사업을 전개하였다. 1977년 노동자협동조합을 결성하여 이 사업의 창시자가 되었다. 공동소유권제도는 이들 회원이 그들 사이에 자산을 분배하거나 처분하지 못하게 하였다. 이 제도가 협동조합을 보호하고 그 독립성을 보장해 주었다.

수마는 환경지향적인 상품뿐만 아니라 공정무역, 유기농업, 채식식품의 독립적인 도매업자이자 유통업체이다. 영국 전역을 사업영역으로 삼고 있으며, 약 7천 개 상품을 자영업, 슈퍼마켓, 커뮤니티 그룹, 병원, 학교 등에 공급한다. 사업은 엄격한 윤리적, 사회적, 환경적 기준에 따라서 운영된다.

수마 자연식품은 단지 사업이 아니라 일종의 생활양식에 가까웠다. 노동자조합원들은 같은 집에서 살며 수마는 하나의 대안적 삶의 형태다. 사업이 성장하자 노동의 방식과 의사결정방식이 민주적으로 유지되었다. 여기에는 실무책임자나 '사장'이 없으며 관리업무는 분장된다. 조합원들이 관리업무를 하기 위해 훈련받을 필요가 있으면 그 조합원은 다른 조합원이 동의한 기간 동안 주어지는 역할을 하는 것이다.

조합원들은 운영위원회를 선출하는데, 그 중 2석은 반드시 여성을 선출한다. 선출직이 아닌 운영위원은 금융, 운영과 개인 코디네이터들이다. 전체 조합원 회의는 연 6차례이며, 주로 주요 전략과 정책 결정을 한다.

운영위원회는 매주 회의를 연다. 운영상 구체적인 논의를 하기 위해서는 날마다 여러 회의들이 이루어진다. 폭넓은 상담과 조언, 그리고 적극적인 참가를 통해서 올바른 결정이 보장되고 조합원들은 집단적 책임 속에서 주도성을 발휘하도록 조장된다.

전 직원은 동일한 임금을 받으며, 새로운 기술과 직업에 대해 훈련할 기회를 갖는다. 각 운영위원회 회의는 공개되며 모든 조합원은 위원회에 관한 문제나 관심사를 제기할 수 있다. 신규 조합원은 반드시 견습 기간을 거쳐야 한다.

아시아

국가 최대의 조직으로 성장한 협동조합의 혁명

인도 : 아물 낙농협동조합

아물(Amul) 낙농협동조합은 인도의 구자라르트주에 있는 낙농협동조합들의 연합회이다. '아물' 은 산스크리트어로 '아주 귀중한' 이란 의미로, 1946년 낙농생산자들을 위한 출하조직으로 설립되었다.

그 후 규모와 명성 두 분야에서 모두 성장하여 인도에서 가장 큰 식품 출하조직이 되었다. 낙농 생산자들은 원유량이 풍부할 때도 아물이 있어서 원유를 모두 출하할 수 있었다. 또한 버터와 스프레드, 치즈, 과자, 우유, 분유, 연유, 아이스크림, 초콜릿, 라씨, 기타 우유로 만든 음료 등을 생산한다. 최근에는 장차 그들의 제품을 판매하기 위한 '아주 맛있는' 시식 가게를 열어 음료와 아이스크림을 제공하고 있다.

매일 하루 두 번 아물의 대량 배송망은 1천 2백만 명의 생산자들에게서 원유를 모아온다. 이 원유는 200군데의 유제품 제조공장으로 수송되어 시음, 등급화, 제조과정을 거쳐 포장되어 800군데의 대소도시의 시장으로 출하된다. 이 과정에서 GLS(지리정보시스템)을 활용하여 이 과정의 지연을 최소화하고 있다. 거기에다 미국과 아랍 국가들, 싱가포르에 수출하고 있으며 유럽 수출은 EU의 농업보조금이 줄어들기 때문에 늘어나고 있다.

아물은 4가지 유형의 유통고속도로, 즉 신선, 냉장, 냉동과 주변제품이라는 시스템을 구축하였다.

성공의 중요한 요소는 광고와 마케팅이다. 그 전환점은 1966년부터 펼친 캠페인성 광고였다. 반복해서 광고에 등장하는 통통하고 건강한 얼굴의 작은 소녀. 실제로 아물은 스캔들이나 종교 갈등, 마약 중독, 부패와 같은 시사문제에 코멘트 하는 것을 두려하지 않았다.

창조적인 마케팅과 신뢰 있는 브랜드 덕분에 아물은 차별적 정체성을 구축하고 시장에서 중요한 위치를 차지할 수 있었다. 협동조합은 고객이 전하는 코멘트를 생산자들에게 직접 전달하고 피드백하며, 조직, 제조, 마케팅과 브랜드 구축에서 타 기업을 능가하는 본보기가 되었다.

아물의 조합원들이 기획, 생산과 마케팅 기술을 습득하도록 도우며, 위생, 사료, 위원회와 리더십 능력과 같은 중요한 과제를 위한 훈련을 제공하기도 한다. 예를 들어 2004년에는 3,189명의 여성조합원들이 자기관리 리더십훈련과정을 받았다. 개인 생산자는 각 마을의 협동조합에 소고하고 이들이 다시 모여 더 큰 연합회를 구성하는 민주적 구조를 갖추었다.

모든 게 바르게 직진했던 것만은 아니다. 인도의 수백만 소 낙농 생산자들이 직면한 문제들도 다루어야 했다. 다른 곳에선 원유가 남아돌아 처분하기 어려워할 때 아물은 생산자들이 고립되어 있어 원유를 집하하기 어려웠다. 중간 상인에 의해 착취를 당한 이들도 있었고 아무런 보장 없이 계절노동자로 일하거나 고리대금업자의 자비에 매달려야 하는 생산자들도 있었다.

아물 형 협동조합사업은 생산자의 소득의 정착과 다양화뿐만 아니라, 정규고용, 생활의 안전보장, 여성의 임파워먼트, 어린이 교육과 같은 농촌개발의 모델을 추진해 왔다. 이런 점들이 빈곤에서 탈출하여 농촌개발을 인도하는 경제의 지속가능한 기초가 될 것이라고 여겼다. 하지만 이는 협동조합 사업을 정부가 리드할 위험을 지니고 있다. 이런 정부의 시도에 대하여 독립과 자율로 운영되는 협동조합은 맹렬하게 저항해왔다.

아물의 성공은 '백색혁명' 이라고도 불린다. 농민들은 우유 가공 설비를 갖추고, 지구연합회나 주연합회를 설립했다. 촌락 단계의 조합, 지구연합회, 그리고 주연합회의 3층 구조는 생산 자재 공급에서부터 가공, 판매에 이르는 계통 시스템을 제공하고, 조합원들이 이를 체계적으로 관리한다.

현재 아물은 인도 최대의 식품브랜드로 농민조합원은 310만 명에 이른다. 아물 모델은 정부기관이 하향식으로 조직화를 하지 않더라도 협동조합의 개발이 이루어질 수 있음을 보여줘, 현재 세계 각지에 보급되고 있다.

북미권

생활 속으로 파고든 협동조합

캐나다 : 퀘벡 연대협동조합, 등산장비 생협

지역문제 해결을 도모한 퀘벡 연대협동조합

캐나다의 퀘벡주는 1980년대부터 민간단체와 주정부가 지역사회의 5대 이슈 논의를 통해 지역문제 해결을 도모해 왔다. 주로 지역개발, 마을 공동화와 주민편의시설 폐쇄 문제, 보육활동의 사회화 문제, 취약계층의 일자리 창출 문제, 노인의 홈 케어 서비스 문제 등을 다뤘다.

1996년 기업, 협동조합, 지방단체 등이 참여한 '경제 및 사회 정상회의'를 개최하고 협동조합법 개정을 추진하여 1997년에 개정하였다. 개정된 협동조합법에서 연대협동조합(solidarity cooperatives) 설립을 규정하였다.

연대협동조합은 조합원 범주에 협동조합 사업의 이용자 조합원, 종업원 조합원, 협동조합 목적달성에 관심을 둔 개인 · 회사도 조합원(후원 조합원)이 될 수 있도록 하였다.

법적 근거에 힘입어 479개(2007년까지)의 연대협동조합이 설립되고 327개가 운영 중이다. 농림수산업, 제조 및 건설업, 유통 · 운송 · 교육 · 레저 · 문화 · 의료 · 사회 서비스, 컨설팅 등에 걸쳐 활동영역은 매우 다양하다.

이들 연대협동조합의 조합원은 5만여 명에 달하고 창출된 일자리는 2,100여 개, 매출액은 5,600만 달러에 이른다. 캐나다는 협동조합이 국가적으로 발달한 나라로, 특히 퀘벡 주는 협동조합 활동이 가장 활발한 곳으로 꼽힌다.

필요에 따른 사업에서 싹튼 등산장비 생협

1970년대에 맹렬한 눈보라를 피하고자 산허리에 눈을 파고 텐트를 친 학생들은 함께 이야기를 하였다. 캐나다 산을 탐험하기 위해 필요한 장비를 둘러싼 문제점들에 대해 이야기가 나왔다. 기존의 등산장비 판매점들은 그들의 필요에 맞지 않았다. 그들은 이윽고 그들 자신을 위해서 무언가를 해야 한다는 점을 깨달았다.

이렇게 탄생은 캐나다의 등산장비 생협(Mountain Equipment Co-op, MEC)은 현재 캐나다 전역에 걸친 판매점과 192개국에 걸친 인터넷 판매점 및 전화, 이메일 주문판매 서비스를 통해 2백만 명 이상의 조합원들이 이용하고 있다.

이들의 성과는 강력한 비전과 노력 덕분이다. 협동조합을 설립하는 과정에 있었던 주도적인 경험들은 성공적이었으며, 그들은 익명의 소비자들을 겨냥한 것이 아니라 자기 자신들의 필요에 따른 사업을 추진함으로써 차별성을 실현할 수 있었다.

그들은 단지 유행을 따라서 제품을 만들지 않았다. 오히려 등산 외투나 켄트, 다른 장비를 개선하였다. 암벽등산을 위한 가볍고 신체에 밀착되는 외투 등 조합원들의 필요와 만났을 때 보다 개선된 새로운 제품이 나왔다. MEC의 목표는 늘 경쟁자들보다 먼저 조합원의 기대하는 바를 찾고 능가하는 것이다.

등산가들에게 '발자국 지우기' (Leaving a foot print)의 이념은 친밀한 개념이다 그런데 MEC는 보다 더 발전적이다. 제품을 생산하는 노동자들의 조건뿐만 아니라 등산지역의 환경과 윤리적인 측면에서도 발자국 지우기를 실천하고 있다. 개도국과 그 외 지역의 공장노동자의 조건뿐만 아니라 장비제조 자체의 환경도 모니터한다. 제조업자들이 윤리, 환경 가이드라인을 접해서 기준을 향상시킬 수 있도록 노력하고 있다.

사업 이익은 조합원들의 구매 금액에 따른 분배와 사업의 재투자로 나누어진다. 또한 커뮤니티 발전과 지원, 교육과 환경 프로젝트를 위해서 2004년 160만 달러를 사용하였다. 그 결과 조합원들은 사업에 대한 더 큰 자부심과 소속감을 느끼게 되었다.

광활한 대륙의 다양성

미국 : 터치스톤 에너지협동조합, 썬키스트, AP통신사

지역사회를 발전시킨 터치스톤 에너지협동조합

터치스톤 에너지는 미국 45개 주, 600개 이상의 협동조합들의 동맹 조직이다. 매일 2,200만 고객들에게 에너지와 전력을 공급하는 터치스톤은 협동조합의 분명한 성격을 전달하여 브랜드 시스템으로 급속하게 시장을 변화시키고 있다.

각 협동조합은 각각 특별한 지역 커뮤니티에 결합되어 있다. 터치스톤은 고객에게 많은 혜택을 주는 전국적 네트워크를 제공한다. 이들은 전국을 커버하는 TV와 미디어 광고를 운영하고 관리와 금융서비스를 제공한다. 또한 회원 협동조합들이 자기 업무를 추진하는 것뿐 만 아니라 새로운 기술과 아이디어를 발전시킬 수 있는 기회를 조직하고 토론한다.

교육프로젝트를 추진하여 학교용 전기에 관한 교재를 만들었다. 켄터키 주 오웬 전기협동조합들은 조합원 자녀의 등록금을 지원하는 장학금 제도도 조성하고 있다.

터치스톤에 가맹한 각 전기협동조합들은 조합원 전력사용자들이 운영하고 소유한다. 이들은 자신들의 행동에 대답할 수 있는 이사회를 선출한다. 알래스카에 있는 골든밸리 전기협회와 같은 회원조합은 '조합원 자문위원회' 를 설치하여 조합원과 이사회 사이의 연락을 담당하며 중요한 문제들을 제기하고 토론하기 위한 다른 공간을 만들어낸다. 이익은 사업에 재투자하고 조합원들에게도 환원한다.

원래 협동조합들은 농촌 지역에 전기를 끌어오기 위해 설립되었다. 예를 들면 노스캐롤라이나 주의 블루리지 전기회원기업은 1930년대 중반 심각한 경기침체 중에 결성되었는데 정부가 주도하고 힘 있는 지역주민들이 전기를 끌어오기 위한 기반시설을 만드느라 서로 손을 잡아 만들어졌다. 이들 협동조합들은 그들 자신의 지역사회에 뿌리를 두고 있으며 따라서 창립 이후 쭉 고객을 위해 최선을 다하는 충성심을 발전시킬 수 있었다.

많은 협동조합들은 지역사회와 환경을 위한 프로젝트에 적극적인 역할을 담당하고 있다. 에너지 자원의 고갈과 지구온난화가 진행되면서 이는 더욱 시급한 일이 되고 있다. 블루리지는 재생에너지를 개발하는데 파트너십을 구성하였다. 조합원들은 최소한 한 달에 4달러를 에너지를 녹색화 하는데 사용하도록 기부를 권장 받는다. 미네소타 주에서는 조합원들이 식목사업이나 주립공원 환경 개선을 위해 참가하고 있다.

농업협동조합의 성공사례, 썬키스트 협동조합

오렌지의 대명사인 썬키스트는 세계 최대의 품목농협으로서 농업협동조합의 대표적인 성공사례로 평가받아왔다. 세계 50여개 국가에서 판매되는 600여개 썬키스트 브랜드 제품의 연간 매출은 12억 달러에 달하며, 로열티 수입이 2,100만 달러로 전 세계 기업 중 26위를 차지하고 있다.

편의점이나 슈퍼마켓에서 쉽게 볼 수 있는 제품인 '썬키스트(Sunkist)' 는 '태양(Sun)의 입맞춤(Kissed)' 이라는 의미만큼이나 강력한 역사를 가지고 있다. 썬키스트는 미국 캘리포니아 지역에서 생산되는 오렌지의 대표 브랜드다. 캘리포니아에서 오렌지를 재배한 역사는 1840년대로 거슬러 올라간다.

1870년대 미국 대륙횡단철도의 개통은 캘리포니아 지역에 국한됐던 오렌지 소비를 미국 전역으로 확대시켰다. 오렌지 산업은 크게 성장했지만 오렌지 재배 농가들은 도매상들의 횡포에 고통을 당해야 했다. 도매상들은 판매된 오렌지에 대해서만 대금을 지불했고 그 결과 모든 리스크를 감귤 재배 농가들이 짊어져야 했다. 그럼에도 불구하고 이익의 대부분은 도매상들이 가로채 오렌지 재배 농가들은 적자를 면치 못했다.

결국 1893년 몇몇 오렌지 재배 농가들이 '남부 캘리포니아 거래소'를 만들어 판매와 유통을 직접 수행했다. 1905년에는 조합원이 5천 농가로 늘었는데, 이는 캘리포니아 오렌지 산업의 45%를 차지하는 것이었다. 이 거래소가 오늘날 썬키스트 협동조합으로 발전하게 된 것이다. 썬키스트는 1908년부터 거래소에서 판매되는 고품질의 오렌지에만 붙인 이름이었는데, 이를 계기로 썬키스트는 최고급 오렌지의 대명사가 됐다.

오늘날 썬키스트 협동조합은 미국 캘리포니아와 애리조나 주의 6천여 오렌지 재배 농가를 조합원으로 두고 엄격한 품질관리로 브랜드를 관리함으로써 세계적으로 많은 로열티 수입을 올리고 있다. 유통환경 변화에 대응한 썬키스트의 혁신 노력은 농협 종합유통 그룹의 비전과 전략수립에 유용한 벤치마킹 사례이다.

협동조합 형태로 운영되는 AP통신사

세계 5대 통신사로 손꼽히는 로이터, AP, AFP, TAS, UPI 중 AP통신은 협동조합의 형태로 운영되는 통신사이다.

AP통신은 1848년 뉴욕의 한 신문사가 입항하는 선박으로부터 유럽의 뉴스를 공동으로 취재하기 위해 결성한 '항구뉴스협회(Harbor news association)'를 기원으로 한다. 1980년대 초에 연간 운영비는 무선 텔레타이프의 위성 중계용 전자장비 및 기타 설비의 설치·유지비용 때문에 크게 늘어나 1억 7천만 달러를 넘어섰다. 이는 당시까지 세계 통신사 가운데 최대 규모였다. 약 2,500여 명의 기자 및 특파원으로 구성된 직원들은 미국 내 100여 개 도시와 세계 50여 개 도시의 자국에서 근무하면서 세계 100여 개국의 뉴스를 수집해 회원신문사에 공급하고 있다.

AP 직원들의 노고는 10만 명을 상회하는 회원신문사 기자들의 노력에 의해 보완되고 있다. AP에 가맹하고 있는 미국의 신문사는 약 1,400개, 방송사 6,000개 업체로서 이들 가맹사가 협동조합 체제로 각기 발행부수의 비율에 따라 경비를 분담하고 있다. 전 세계에서 AP로부터 통신을 받고 있는 해외의 신문사·통신사·방송국은 모두 8,800개사에 달한다.

2011년 기준으로 현재 AP통신은 미국 내 가맹 신문사에 뉴스를 공급하고 있으며 전 세계 300개 이상의 지국에서 3,700명의 직원이 일하고 있다. 직원 가운데 3분의 2가 뉴스를 수집하고 있다. 최근에는 북한에 지국을 개설하기도 했다.

AP통신의 주인은 바로 미국 내 1,400여 개의 개별 언론사다. 이들 언론사들이 발행 부수에 따라 경비를 분담하고 자신을 대표할 이사회를 운영하고 있다. AP통신의 연차 보고서에 따르면 2010년 말 자산은 총 5억 1천만 달러, 출자금은 1억 5천만 달러에 이른다.

2

세계 협동조합의 **5가지 경쟁력은 무엇?**

이제까지 살펴본 것처럼 바야흐로 전 세계적인 협동조합 열풍의 시대라고 해도 과언이 아니다.

세계 협동조합의 역사는 협동의 역사인 동시에 경쟁의 역사이다. 협동조합은 정부와 달라 독점사업이 없기 때문에 경쟁자가 있기 마련이다. 따라서 경쟁력이 없으면 협동조합은 존립의의를 잃게 된다.

실제로 세계의 농업협동조합은 경쟁력을 확보하기 위해 여러 가지 전략을 구사해 왔다. 그 사례를 들어보면 다음과 같다.

1. 조합원의 사업 이용을 늘린다

협동조합의 조합원은 협동조합을 조직할 때부터 사업 이용을 전제로 하여 사업 이용자인 동시에 협동조합의 소유자가 된다. 사업 이용은 조합원의 권리이자 의무이다. 조합에 가입하고 있으면서도 조합 사업을 이용하지 않는 사람은 죽은 조합원(dead member) 또는 휴면조합원(idle member or sleeping member)이라고 한다.

예를 들어 덴마크 농협의 표준정관에는 조합원의 출하 의무를 규정하고 있다. 그 내용은 '조합원은 자신의 건강한 암소에서 생산한 모든 우유를 조합에 출하할 의무를 지닌다.' '조합원은 자신이 사육한 모든 돼지를 조합에 출하할 의무를 지닌다. 단 모돈이나 자돈을 예외로 한다.' 는 등이다. 스페인과 그리스 등에서는 의무적 출하 제도를 법률로 정하고 있다. 포르투갈에서도 출하의무 제도를 정관에서 정하고 있다.

우리나라의 경우 조합원이 1년 이상 조합을 이용하지 않으면 제명 사유가 된다(농협법 30조1). 세계적인 협동조합인 미국의 썬키스트 협동조합도 출하의무 위반, 품질관리 불량 등에 의해 타 조합원에게 손실을 주는 경우 제명 조치한다고 한다.

신세대 협동조합(New Generation Cooperative)에서도 주식과 출하권을 연계시켜 조합원은 구입한 주식 수에 비례하여 조합에 출하할 권리와 동시에 의무를 부여하고 있다. 조합과 조합원간에 판매협약을 체결하며 여기에는 출하의무 이외에도 농산물의 품질조건, 대금결제와 비용계산, 제재수단 등 다양한 권리와 의무 조항을 포함한다. 만일 조합원이 출하를 이행하지 못하면 조합은 그 물량을 다른 곳에서 조달하고 이에 대한 비용을 그 조합원에게 부담시킨다고 한다.

2. 비농민을 조합원, 준조합원으로 가입시켜 경쟁력을 확보한다

프랑스의 끄레디 아그리꼴 그룹은 처음에는 농민만이 조합원이 되었으나, 비농업분야로 업무 영역이 확대되면서 거의 모든 고객층에게 조합원 자격을 개방하였으며 2000년 현재 끄레디 아그리꼴 지방은행(단위조합)의 농민조합원 비중은 550만 조합원의 62%이다.

일본의 종합농협은 농민의 수가 감소함에 따라 비농민을 준조합원으로 가입시켜 지역조합으로 발전하고 있다.

캐나다의 브리티시컬럼비아 주 남부에 있는 솔트 스프링 아일랜드 지역에서는 2001년 12월에 'Growing Circle Food Cooperative' 라는 식품협동조합을 설립하였는데 이는 그 지역의 유기농산물 생산자 농민과 소비자 그리고 노동자가 다 같이 조합원이 되어 이해관계자 협동조합을 설립 운영하고 있다.

3. 규모화하고 자회사 제도를 도입한다

경쟁업체의 대형화에 맞서기 위해서는 합병이 불가피하다.

프랑스의 끄레디 아그리꼴이나 네델란드의 라보은행, 독일의 DG은행의 회원인 라이파이젠 협동조합은 대대적인 합병과 사업 특화가 이루어졌다.

일본 농협은 한국과 같이 농업이 소농구조라는 특성 때문에 회원조합에서는 신용사업과 경제사업을 겸영하는 종합농협을 유지하고 있고, 현 단위에서는 연합회 체제를 형성하면서 신용사업과 경제사업이 분리되어 있다. 종합농협은 경제사업이 만성적인 적자상태에 있고 신용사업의 예대비율도 30% 이하에 이르고 있어 수지악화로 존립기반이 위협을 받고 있다. 이에 일본 단위농협의 합병은 단순한 규모 확대만을 목적으로 하지 않고 단위조합의 광역합병을 통하여 단위조합-현연합회-중앙연합회로 되어 있는 3단계 조직체계를 단위조합-전국연합회의 2단계로 축소하는 구조개선을 추진하고 있다.

일본지역조합의 합병실적을 보면 1975년 4,803개에서 1980년 4,528개, 1990년 3,561개, 2000년 1,264개, 2003년 944개(매년 4월 1일 기준)로 나타나 우리 농협에 비해 합병의 속도가 빠름을 알 수 있다. 일본의 농가호수나 경지면적이 우리나라의 약 3배 수준임을 감안하면 더욱 그러하다.

신용사업은 중앙집권적이고 하향적인 특성이 있다. 컴퓨터화, 온라인화 됨에 따라 이러한 성격은 더욱 강화되었다. 이에 따라 신용협동조합의 발전을 위해서는 강한 연합회가 필요하게 되었다. 실제로 강한 연합회를 가진 신용협동조합은 발전하고 그러지 못한 조합은 실패한 사례가 있다.

끄레디 아그리꼴과 라보은행이 세계적 협동조합은행으로 도약할 수 있었던 원인은 중앙조직의 강력한 역할과 기능이 뒷받침되었기 때문이라고 한다.

한편 연합회 기능이 약한 영미 계통의 협동조합은행의 실패 사례도 있다. 영국의 주택금융조합(Building Societies)은 대부분 조합들이 대형은행이나 보험회사에 흡수 합병되거나 청산 후 일반은행으로 전환하였다. 미국의 저축대부조합(S&L)은 80년대 미국 금융 위기에서 서로간의 경쟁과 자금운용 실패로 상당수 도산하였다.

일본의 회원조합(JA)들도 부실조합이 크게 늘어나자 2001년 6월 농협법 개정과 농림중금법을 개정(신용사업신법)하여 중앙조직의 기능을 강화시켰다. 협동조합이 전통적인 협동조합 운영방식으로는 조합원의 요구에 부응하기 어려운 사업 분야에서는 자회사 제도를 도입하고 있다.

일반적으로 자회사(Subsidiary)란 어느 회사가 다른 회사의 발행주식을 2분의 1 이상 소유하고 있을 때, 또는 그에 준하는 지배력을 행사하고 있을 때, 전자를 모회사, 후자를 자회사라고 한다.

협동조합에서는 조합원의 실익을 보호하는 데 필수적이지만, 전통적인 협동조합의 자본금 확충방식이나 1인 1표의 의결권 제도를 유지하는 가운데 사업자본금의 확충이 불가능한 사업 부문, 또는 조합원의 물량만으로는 시장의 경쟁에 대응하는 데 역부족인 사업부문을 대상으로 자회사 제도를 도입하였다.

4. 지배구조를 개선한다

로치데일 협동조합은 1844년 8월, 28명의 선구자에 의하여 제1회 총회가 열렸는데, 임직원이라고 해야 조합장, 회계, 서기 3명뿐이었다. 그러나 조합의 규모가 커져 조합원 수가 많아짐에 따라 이사를 뽑고 이사회에서 조합장을 뽑는데 조합장은 이사회 의장으로서의 역할에 충실하고 경영은 전문경영자에게 맡겼다.

협동조합의 지배구조 특성상 협력과 견제로 인해 기업보다 경쟁력이 있다는 주장이 있다. 엔론 사태와 같은 윤리 문제는 기업 내부와 외부의 통제 시스템이 작동하지 않았기 때문이라는 것이다.

협동조합은 1인 1표, 의장과 사업 대표의 양두체제, 조합원이 이용자이면서 소유자로서 일상의 거래 과정에서 점검과 통제, 지리적 제한에 의한 투명성 등으로 안정성과 통제의 측면에서 기업에 비해 우위성을 가진다. 주식회사의 주주가 1년에 한 번 주주총회에서 경영자를 만나고 있는 실정을 생각해보면 협동조합과는 차이가 있음을 알 수 있다.

5. 변화와 개혁을 추진하되 협동조합의 정체성을 유지한다

흔히들 협동조합은 주식회사로 변질되었다고 한다. 협동조합이 자회사를 만들고 주식을 상장하는 등 일련의 조치가 나옴에 따라 그러한 비판이 나온 것이다.

그러나 따져보면 그렇지 않다. 협동조합의 근간 조직은 조합원이 이용자인 동시에 소유자로서 통제하도록 체제를 유지해 왔다는 것이다.

끄레디 아그리꼴의 경우 중앙조직인 CNCA를 주식회사로 전환하여 CASA로 명칭 변경하고 2001년 12월 프랑스 1부 시장에 주식을 상장하였다. 주식상장은 협동조합의 정체성을 훼손하는 조합주의의 포기라는 비난이 있었으나, 상장한 주식은 전체의 20%였다. 나머지 10%는 전현직 임직원이 가지고 있고 나머지 70%는 지역은행이 소유하고 있다. 끄레디 아그리꼴 지역은행은 조합원 550만 명의 62%가 농업인 조합원이다. CASA의 CEO인 로랑은 '주식상장 계획은 우리들만의 조합주의에서 이제는 시장과 함께 하는 조합주의로 가기 위한 것이다.' 라고 하였다.

〈세계 협동조합의 트렌드 best 5〉

① 조합원의 사업 이용 및 참여 증대

② 준조합원 참여로 경쟁력 Up

③ 합병, 규모화, 자회사 제도 도입

④ 투명하고 민주적인 지배구조

⑤ 신구의 조화 : 변화와 개혁 + 협동조합 고유의 정체성 고수

협동조합 지식 UP!

독특한 협동조합 사례들

영국의 사회적 기업

1970년대 영국의 대처가 등장하면서 시작된 신자유주의 정책에 대해 협동조합이 능동적으로 대처했다. 협동조합이 가지고 있는 자산(부동산, 건물, 인적, 사회적 자본 등)을 동원하여 복지국가가 전체를 담당하고 있던 복지, 안전망 기능을 부담하는 방식이다. 1800년대에 자본주의가 폭력적으로 진행될 때 협동조합이 만들어졌듯이 신자유주의의 광풍으로 어려워진 민중의 삶, 지역사회 재건에 협동조합이 나서서 극복하는 형태를 말한다.

이탈리아의 사회적 협동조합

협동조합이 사회연대협동조합을 만들어 진행하다가 이탈리아 정부가 법을 만들어 A형 사회적 협동조합과 B형 사회적 협동조합으로 진행하고 있다. 이러한 사회적 협동조합은 이탈리아 사회적 경제의 큰 부분을 차지하고 있다.

스웨덴의 이해관계자 협동조합

협동조합 공화국으로 불리는 스웨덴에서는 보편적 복지를 가능하게 한 두 축으로 노동조합과 협동조합이 있다. 역시 신자유주의가 몰아치던 1980년대에 정부가 육아 부분을 시장에 주지 않고 협동조합에 맡기게 되는데 그 협동조합의 형태가 바로 다중 이해관계자 협동조합 방식이다.

까르푸 매장을 인수한 스위스 소비자협동조합

2008년 세계 2위의 유통자본인 까르푸가 스위스에서 12개의 매장을 철수하게 된다. 그 매장을 인수 받는 곳이 바로 코프 스위스(스위스 소비자협동조합)이다. 스위스는 소비자협동조합이 전체 소매물류의 20% 이상을 차지하고 있으며, 조합원이 350만 가구이다.

금융위기 때 협동조합으로 옮긴 예금들

2008년 서브프라임 모기지론을 비롯한 금융위기 및 경기침체기에, 서구유럽의 투기 은행, 초국적 은행에서 예금을 빼서 이동한 은행이

스위스 소비자협동조합 은행과 오스트리아 라파이젠 은행이었다.

증권시장에 간접적으로 상장된 협동조합

전통적 협동조합은 주식 발행을 하지 않아 기본적으로 증권시장 상장이 곤란하나, 최근의 협동조합은 새로운 방식으로 자본금을 조달하고 있다. 네덜란드의 캄피나 우유협동조합, 세베코 협동조합은 1991년 참여증권을 발행하여 자금을 유치하고 있다. 미국의 US 프리미엄 비프와 다코다 파스타 협동조합은 조합원이 소유권만을 보유하면서 50% 이상의 지분을 시장에 상장한 이례적인 사례다. 끄레디 아그리꼴(CA)은 프랑스 1위, 세계 4위 금융회사로 토종 협동조합금융의 대명사로 불리는데, 프랑스는 CA를 리딩 뱅크로 키우기 위해 보험업 진출, 자산운용사 인수, 은행 합병 등을 허용하였고 상당자산은 주식시장에 상장시켰다.

제2장

알고 나면 쉬운 협동조합의 모든 것

협동조합은 어떻게 탄생하고 발전했으며 어떤 유형들이 있을까? 세계 각국에서 발전하여 온 협동조합의 역사와 과정에 대해 이해한다면 21세기에 협동조합이 왜 반드시 필요한지에 대해 저절로 공감할 수 있을 것이다.

협동조합은 어떻게 **탄생했을까?**

협동조합의 탄생과 효시 : 영국 '로치데일 조합'

협동조합은 어떻게 탄생했을까?

협동조합은 자본주의 경제와 함께 생성 · 발전되어 왔다. 18세기 영국의 산업혁명 이후 자본주의가 촉진되어 빈부 격차가 커지고 사회구성원 간의 갈등이 심화되는 등 자본주의의 모순이 심각하게 나타나게 되자, 이를 개선하기 위한 시도의 하나로 노동조합운동과 더불어 협동조합운동이 출발되었다.

1844년 영국의 노동자들은 자본주의 체제 속에서 상대적으로 약자인 자신들의 권리와 이익을 지켜나가기 위해 '로치데일 조합' 을 설립했다. 1844년 전후에 영국에서 노동착취 금지 관련 법안과 주식회사법 등이 제정되고, 공산주의 사상의 토대가 된 칼 마르크스의 이념과 엥겔스의 영국 노동자 계급의 여건에 대한 책이 출판된 것을 통해 그 당시의 분위기를 엿볼 수 있다.

이처럼 근대적 협동조합운동은 산업혁명으로 자본주의 경제가 먼저 발전하기 시작한 유럽(영국, 프랑스, 독일 등)에서부터 먼저 시작되었으며, 각 나라의 자본주의 경제 발전 과정과 사회적 · 역사적 환경에 따라 서로 다른 형태의 협동조합 설립으로 이어졌다.

영국에서는 노동자들의 활로 모색을 위한 소비조합이, 프랑스에서는 자영업자와 소농들이 협동하여 자신을 방어하기 위한 생산조합이, 그리고 독일에서는 도시와 농촌의 소 생산자들에게 자금을 융통해 주기 위한 신용조합이 먼저 태동하여 발전되어 왔다.

경제적 약자들이 서로 돕기 위해 만든 것

협동조합은 자본주의의 폐해를 적극적으로 개선해 나가는 데 필요한 조직체로 이해되기도 한다. 오늘날까지 세계 협동조합이 오랜 세월 동안 지속적으로 발전해 온 것도 이러한 특성을 어느 정도 유지해왔기 때문인데, 최근 경영환경 변화 과정 속에서 고유의 특성들이 희석되고 무시되는 경향이 자주 나타나고 있다.

그러나 이런 일들은 협동조합의 본질을 망각하게 하거나, 협동조합의 존재 의미를 불투명하게 하는 위험한 일이다. 따라서 경영을 강조할수록 협동조합의 본질을 잊거나 훼손하지 않도록 많은 노력을 기울여야 한다.

그렇다면 협동조합이란 정확히 무엇을 뜻하는 것일까? 우선 가장 보편적인 정의는 다음과 같다.

> 경제적 약자들이 자신의 필요나 욕구를 충족시키기 위해 서로의 힘과 뜻을 모아 공동으로 사업 활동을 벌이는 자조적인 협동조직

국제협동조합연맹(ICA)에서는 좀 더 구체적으로 아래와 같이 정의한다.

> 공동으로 소유되고 민주적으로 운영되는 사업체를 통하여 공통의 경제적 · 사회적 · 문화적 필요와 욕구를 충족시키고자 하는 사람들이 자발적으로 결성한 자율적 조직

우리나라의 협동조합 기본법 제2조 제1호에 의하면 다음과 같다.

> 재화 또는 용역의 구매 · 생산 · 판매 · 제공 등을 협동으로 영위함으로써 조합원의 권익을 향상하고 지역사회에 공헌하는 사업조직

또한 세계적인 협동조합 이론가인 영국의 에드가 파넬은 협동조합

을 다음과 같이 설명한 바 있다.

평등에 기초하여 스스로에게 공동이익을 제공하기 위해 법적으로 하자가 없는 사람들에 의해 자유롭게 설립되고 소유 및 통제되는 사업체
협동조합의 공동의 이익은 출자에서 생기는 것이 아니라 협동조합의 활동으로부터 나오는 것이다.

위와 같은 정의를 종합해보면 협동조합은 다음의 특성을 지니고 있음을 알 수 있다.

[구성원들의 성격상 특성은?]

- 경제적 약자들의 단체
- 경제적 독립자들의 유기적인 단체

[조직체의 성격상 특성은?]

- 조합원을 위해 경제적 사업을 전개하는 경제 단체
- 비영리 단체로서 자유롭고 민주적인 인적 단체
- 상부상조의 자주적 단체

협동조합 지식 UP !

근대 협동조합의 효시, '로치데일 조합'

세계 최초의 협동조합인 '로치데일 공정선구자조합'은 1844년 28명의 노동자들이 설립한 소비협동조합이다.

영국의 로치데일이라는 조그마한 도시는 19세기 전반기에 영국 산업혁명의 혜택과 이로 인한 비참한 생활을 동시에 경험한 역사적인 고장이었다. 영국 산업혁명의 견인차였던 면방직 공업의 중심지 맨체스터에서 가까운 로치데일은 직물업이 주산업이었다. 이곳에서 일하는 아일랜드 출신의 광부와 공장 노동자들은 열악한 작업환경과 저임금 등에 시달리며 자본가의 착취에 많은 불만을 품게 되었다.

이런 상황에서 1840년 로치데일 지방을 휩쓴 대기근이 발생하자, 28명의 노동자들은 1844년 8월 15일 창립총회를 갖고, 10월 24일 역사적인 로치데일 공정선구자조합을 설립한다. 로치데일 공정협동조합이 성공하여 근대 협동조합의 효시가 된 데는 다음과 같은 원칙을 만들고 충실하게 운영했기 때문이다.

△ 조합 운영의 공개 △ 1인 1표주의 △ 이용고 배당 △ 출자배당 제한 △ 정치 · 종교적 중립 △ 시가에 의한 현금거래 △ 교육의 촉진

로치데일 조합의 원칙은 협동조합운동사에 지대한 영향을 미쳤고, 이 중 상당 부분이 협동조합의 성격을 규정짓는 원칙으로 존중받고 있다. 로치데일 협동조합의 성공 요인에 대해서는 다양한 연구가 있으나 공통적인 몇 가지를 보면 다음과 같다.

1. 협동이상촌 건설이라는 위대한 목적이 사람들의 마음을 사로잡고 조합원을 결집할 수 있었다.
2. 실천 방법으로 손쉬운 일부터 착수하여 점차 사업을 확대해 나갔다.
3. 조직과 경영의 원칙이 훌륭했다.
4. 조합원에 대한 교육에 많은 비중을 두었다. 로치데일 조합의 선구자들은 투철한 이상적 협동조합 사상가인 '오웬주의자' 들이었으며, 조합 목적 달성에 교육이 중요하다는 확신을 갖고 있었다.
5. 자그마한 상점을 운영하는 소매업이 초창기 사업이었으나 조합원으로부터 예금을 받고 제분공장 등 관련 사업 확대에 일찍부터 노력해 조합원의 실익을 지속적으로 제고한 점이다.
6. 다른 조합의 설립과 발전에 많은 노력과 지원을 통해 협동조합운동을 확산시켰다.

이와 같은 요인에 의해 로치데일 조합은 성공적인 모델이 되었고, 초창기 많은 협동조합은 로치데일 조합의 정관을 그대로 채택하는 등 로치데일 조합의 정신과 운영방법을 통해 성장할 수 있었다.

왜
협동조합일까?

인류의 유전자에는 협동이 새겨져 있다

인류 역사 수천 년 동안 생존을 위해 가장 중요한 것은 집단적인 협동이었다. 협동을 하지 않고는 살아남을 수 없었기 때문이다. 인간에게는 이런 협동의 경험이 유전자 속에 깊이 새겨져 있다.

협동은 사회생활에서 필수적이다. 우리들이 편하게 살아갈 수 있는 모든 소비재나 용역은 결국은 사회의 구성원 모두의 협동 활동으로 만들어지는 것이다.

하지만 세상이 발전하여 사회가 커지면 커질수록 협동의 범위와 규모도 커지게 되어 직접 몸으로 느끼기 어렵게 되어버린다. 마치 지구가 자전할 때 나는 거대한 굉음이 너무 소리가 크다 보니 우리가 못 듣고 있는 것과 마찬가지인 것이다.

예를 들어 선박 회사가 좋은 배를 만들려면 수만 개의 부품을 생산하는 부품회사들과 그곳에서 일하는 근로자, 연구기관 등이 협동으로 일하지 않으면 안 된다.

농업인들도 마찬가지이다. 농사를 지어 높은 소득을 올리려면 새로운 품종을 만드는 연구기관, 자금을 대출해 주는 금융기관, 농산물을 팔아줄 수 있는 유통회사 등이 반드시 필요하다. 혼자 다 할 수도 있겠지만 돈과 노력과 개인의 능력이 협동하는 것보다 훨씬 더 많이 들어 사실상 불가능하다. 혼자 성공했다고 하더라도 사실은 이미 많은 사회 구성원의 협동이 전제가 되는 것이다. 특히 소규모 농민들이 많은 우리나라 농업에서 협동조합은 필수적인 조직이다.

협동은 선택이 아니라 필수이다. 협동조합은 이런 인간의 본성에 뿌리 깊이 박혀 있는 협동의 본능과 현대사회의 운영 원리를 발전시켜 '상대적 약자들이 모여 경제, 사회, 문화적 필요를 달성할 수 있도록 공동으로 소유하고 민주적으로 운영되는 자율적 단체' 를 만드는 것이다. 협동조합의 목적과 사업 목표, 범위와 성과는 다음과 같이 정리할 수 있다.

[협동조합의 목적은?]

→ 협동조합의 목적은 이용자 조합원이 필요로 하는 사업 서비스를 최선의 가격으로 제공하는 데 있다.

여기서 '최선의 가격' 이란 조합원의 입장에서 경쟁관계의 영리회사보다 유리한 거래 조건을 의미한다. 만일 경쟁회사가 최선의 경쟁적 가격으로 서비스를 제공한다면 조합원이 협동조합 사업을 이용할 이유가 없으며, 따라서 협동조합은 더 이상 존재할 이유가 없게 된다.

[협동조합의 사업 목표는?]

→ 협동조합의 사업 목표는 조합원에 대한 영리회사의 독과점 행위(시장지배력)를 견제하는 것이다.

조합원들이 독과점 영리기업과의 시장 거래에서 피해를 보고 있다면, 협동조합은 그 시장에 참여하여 최선의 가격으로 서비스를 제공함으로써 시장경쟁을 촉진해야 한다. 조합원이 거래하는 시장이 완전경쟁 시장구조로 바뀐 경우 협동조합은 사업을 계속할 이유가 사라지게 된다.

[협동조합의 사업 범위는?]

→ 협동조합은 공동의 목적을 가진 5명 이상이 무여 조직한 사업체로서 금융보험을 제회하고는 어떤 사업이든 원칙적으로 제한이 없다. 이때 협동조합은 사업 범위는 조합원의 이용자 편익을 기준으로 결정해야 한다.

다수의 조합원이 필요로 하는 분야의 사업을 우선적으로 영위하는 것이 마땅하며, 특히 영리회사의 독과점 행사로 조합원의 피해가 큰 분야는 협동조합 사업의 최우선 순위가 된다. 수익성이 높다 하더라도 조합원 이용과 무관한 사업 분야에는 진출하지 않는 점도 영리회사와 구별되는 경영전략이다.

[협동조합의 사업 성과는?]

→ 협동조합 본연의 목적, 즉 독과점 영리회사의 시장지배력과 초과이윤을 얼마나 감소시켰는가를 기준으로 평가해야 한다.
만일 경쟁관계의 영리회사가 협동조합에 대해 비판적이고 적대적인 행동을 보인다면 이는 그만큼 협동조합의 사업성과가 크다는 것을 입증하는 것이며, 협동조합의 경쟁적 사업 활동 때문에 조합원 실익이 늘어났다는 증거가 된다.

알고 있나요?

협동조합은 시장 문제를 해결하는 만능 해결사?

협동조합이 하는 일과 정부가 하는 일은 명확히 다르다

협동조합은 조합원이 직면하는 독과점 형태의 시장실패 문제를 경쟁 촉진을 통해 해소하기 위해 존재한다. 그러나 이는 시장 실패 문제에 대응하는 정부의 역할과는 명확하게 구분된다. 정부와 협동조합은 다음과 같은 점에서 다르다.

- 정부 : 독점규제에 관한 법률에 근거하여 독과점 행위에 대한 제도적 규제를 통해 대응
- 협동조합 : 조합원 실익을 위한 사업을 수행하여 시장경쟁을 촉진

협동조합은 시장경쟁 촉진 역할을 하여 사회적 공익에 기여한다. 그러나 협동조합의 사업은 조합원의 실익을 제고하기 위한 것이며 공익적 목적을 위한 것은 아니다. 흔히 협동조합의 목적과 역할을 오해할 때 다음과 같은 질문이 나올 수 있다.

"농업협동조합이라면 농산물 수급을 조절하는 역할도 해줘야 하는 것 아닌가요? "

하지만 이러한 주장은 협동조합의 목적에 대한 오해에서 비롯된 것이라 할 수 있다. 농산물 수급을 조절하는 것은 협동조합의 역량을 벗어나는 영역으로, 정부의 역할에 해당되기 때문이다.

협동조합의 유형

사업에서 발생하는 수혜자, 조합원의 참여동기, 주된 사업의 성격에 따라 다양한 협동조합 유형이 결정됩니다.

형태	유형 소개
소비자 협동조합	조합원의 소비생활 향상을 위한 물품의 구매 또는 서비스의 이용을 목적으로 하는 협동조합
직원 협동조합	직원이 함께 조합을 소유하고 관리하며 안정적인 일자리를 늘려나가는 협동조합
사업자 협동조합	개별 사업자들이 수익창출을 위해 공동판매, 공동자재구매, 공동브랜드 사용 등을 목적으로 하는 협동조합
다중이해관계자 협동조합	둘 이상 유형의 조합원들의 경영개선 및 생활향상을 목적으로 하는 협동조합
사회적 협동조합	지역주민들의 권익 · 복리 증진과 관련된 사업을 수행하거나, 취약계층에게 사회서비스 또는 일자리를 제공하는 등 비영리목적의 사업을 수행하는 협동조합

협동조합과 타법인과의 구분

구 분	주식회사	협동조합	사단법인
근거 법률	상법	협동조합기본법	민법
사업 목적	이윤 극대화	조합원 실익증진	비영리
운영 방식	1주 1표	1인 1표	1인 1표
설립 방식	신고	신고 또는 인가	인가
책임 범위	유한책임	유한책임	해당 없음
규모	대규모	소규모 + 소규모	주로 소규모
성격	물적결합	인적결합	인적결합
사업 (예)	대기업 집단	금융, 보험분야를 제외한 모든 사업분야	학교, 병원, 자선단체, 종교단체 등

협동조합 지식 UP !

농협운동의 모태, 라이파이젠 농촌신용협동조합

가난한 농민을 구제하기 위한 운동

세계 최초로 농촌신용협동조합을 설립한 라이파이젠은 독일의 프로이센에서 출생했다. 독일 민주주의적 혁명운동을 지지하고 왕권 반대파에 섰다가 반란 미수죄로 고발되어 정계를 은퇴한 그는 농촌지역에서 협동조합 운동에 힘을 기울였다.

라이파이젠은 가난한 농민의 생활을 개선하기 위해서는 금융을 비롯한 여러 가지 경제사업을 조합이 운영하지만 이는 수단에 불과하다는 확고한 신념을 갖고 있었던 사람이다. 그는 농민이 궁핍한 원인을 규명하고, 그 극복책을 강구하면서 협동조합 사업의 종류를 단계적으로 확장해 나가는 한편 지역적으로는 작은 마을에서 시작해 전국적인 연합회로 발전시켜 나갔다.

라이파이젠은 초창기에 소농들이 대부업자의 고리채에 시달리는 것을 보고, 지역 유지가 중심이 된 위원회를 구성해 정부 배급 물자의 공평한 분배를 하는 동시에 유지들로부터 자선적 성격의 기부금을 모아 밀을 대량으로 구입한 후 농민들에게 싸게 대여를 한 다음 이듬해에 갚도록 했다.

이후 그는 부락 대부소(푸라마스펠트 구혈조합)를 설립했다. 지역 유지들이 필요한 자금을 투자하거나 조합의 부채에 대해 연대 책임을 지도록 하는 것 외에 가축 구입자금을 빌려 주고, 나눠 갚도록 하는 사업을 도입한 것이다. 또 중기자금을 지원해 농민들이 주택 · 토지 · 농기구 등을 구입토록 했다.

연합회를 만들어 농협운동의 모태가 되다

그러나 라이파이젠 조합들이 점차 조합원의 무관심으로 하나 둘 해산하게 되자 협동조합운동이 의무와 박애의 원리만으로는 운영이 어렵다는 것을 깨닫고 운동의 기조를 '자선원리' 에서 '자조원리' 로 바꾸고 사업은 저축과 대부로 국한하게 된다. 조합원이 아니면 돈을 대출해 주지 않는다는 규정은 새로운 것이었고, 이익금은 분배하지 않고 기금으로 적립했다. 이것이 농촌신용협동조합의 효시다.

라이파이젠은 협동조합 운동을 강화하기 위해서는 연합조직이 필요함을 깨닫고 1876년 '독일농업중앙대부금고' 를 설립한데 이어 1877년 '농업협동조합대표자연맹' 을 창설했다. 연맹에서는 농가필수품의 공동구입과 농산물의 공동판매를 하는 도매 협동조합의 기능도 수행했다. 연맹은 1889년 '라이파이젠 협동조합총연맹'으로 개칭됐다.

라이파이젠 협동조합이 발전할 수 있었던 것은 사업의 효율화를 위해 연합회를 일찍이 조직하였기 때문이다. 또 1880~90년대에 정부의 농업자금을 흡수함으로써 저리자금을 재원으로 활용할 수 있게 된 것을 들 수 있다.

라이파이젠 농촌신용협동조합은 농민에게 중기 자금을 지원해 농민 스스로 가축을 구입할 수 있도록 하고, 주택 · 토지 · 농기구 등의 구입에 자금을 대출해 주는 신용지원을 함으로써 농협운동의 모태가 됐다.

아하! 그렇구나!

'동업' 과 '협동' 어떻게 다를까?

성공한 동업은 규칙이 중요

'동업' 이란 두 사람 이상이 함께 사업을 하는 것을 말한다. 보통 시장 상인들이 함께 하는 사업을 가리키지만 훨씬 더 큰 동업도 있다. 삼성이나 현대 같은 주식회사도 많은 주주가 모여 동업을 하는 것이고, 지금은 나뉘었지만 LG와 GS처럼 동업 경영을 통해 대그룹을 만든 경우도 있다.

'동업하면 망한다' 는 말이 떠도는 가장 큰 이유는 동업을 할 때 제대로 규칙을 정하지 않아 사업이 잘되지 않거나, 잘 되더라도 수익을 분배할 때 관계가 틀어지기 때문이다. 성공한 동업은 규칙을 충분히 합의하여 확정한다. 기업의 사규나 상법 등이 그런 것이다.

협동조합 사업과 장사를 구분해야 하는 이유

협동조합도 동일한 수준의 규칙을 만들고 협의하고 있다. 다만 협동조합은 일반기업과 달리 조합원이 출자자이면서 이용자인 특징을 감안하여 훨씬 민주적인 규칙을 정하고 있다. 예를 들어 출자금과 상관없는 1인 1표의 민주적 의사

결정, 이용하는 만큼 수익을 배분받는 '이용과 배당' 등이 바로 그것이다. 이런 규칙은 매우 중요하여 농협의 정관은 물론 농협법에도 정해두었다.
이렇게 정한 정관과 규칙을 당사자들이 충분히 이해하고 숙지해야 한다. 그래야 불필요한 갈등을 막을 수 있다. 농협의 조합원도 이런 의미에서 정관과 규정에 대해 공부할 필요가 있다. 잘 모르면 그만큼 농협에 대한 관심과 애정도 소홀해질 수밖에 없다.
그렇기 때문에 협동조합 교육을 장려하여 조합원들이 궁금해 하는 사항부터 충분히 이해할 수 있도록 해야 한다. 교육이 없으면 협동조합 정체성에 대한 이해를 제대로 알지 못하고, 조합원인 것을 자랑스러워할 수가 없다. 협동조합이 자랑스럽지 않으면 조합원들은 '동업과 ' 협동조합 '을 구분하지 못하며, '협동조합 사업' 과 '장사꾼의 장사' 를 구분하지 않고 당장의 조그마한 이익을 주는 쪽을 따라가고 만다.

서로에게 이익을 주는
상부상조 이념

자득타득과 상부상조가 주된 원동력

협동조합 이념이란 협동조합이 지닌 최고 가치와 지도정신, 규범, 신념, 이상을 의미하는 것으로 '자조와 자립정신을 바탕으로 한 자득타득(自得他得)의 상부상조'를 원동력으로 할 때 바람직한 협동조합 이념을 구현할 수 있다. 대표적인 협동조합 이념은 다음과 같은 것들이다.

- 상부상조의 협동정신
- 자조 · 자주 · 자립의 이념
- 평등 · 비영리 · 공정의 이념

조합원은 협동조합의 이념을 중심으로 결집되고, 협동조합 이념을 바탕으로 협동조합 운동을 전개하고, 협동조합 운영에 참여하게 된다.

협동조합 이념이 전체 조합원들 간에 명확하게 공유되면 협동조합 운동이 조합원의 적극적인 참여를 불러일으키지만, 그렇지 못할 경우에는 협동조합이 침체되거나 존립 자체가 위협받을 가능성이 많다.

농협의 자조, 자립, 협동의 의미는?

우리나라 농협의 경우 '자조 · 자립 · 협동'을 3대 이념으로 삼고 있다.

[협동]

'협동'은 농협의 중심 이념으로서, 막연히 힘을 합친다는 사전적 의미가 아니라, '같은 목적을 달성하기 위해 힘을 모아 공동의 성과를 얻고자 하는 구체적 행위'를 말한다.

협동의 이념이 잘 구현되기 위해서는 무엇보다 서로에게 이익을 줄 수 있는 '자득타득(自得他得)의 상부상조 정신'이 필요하다. 이는 조합원 서로에게 도움이 되지 못하는 협동은 별다른 의미가 없기 때문이다. 이러한 이념은 우리가 잘 알고 있는 '일인은 만인을 위하여, 만인은 일인을 위하여'라는 말 속에 잘 표현돼 있다.

[자조]

'자조' 이념은 자득타득의 상부상조 정신을 전제하여 작용하는데, '서로 돕는다'는 것은 '자신의 일을 해결하는 자조의 바탕' 위에서만 가능하기 때문이다. 즉 협동조합을 통해 다음과 같은 관계가 형성된다.

자조 → 자득타득의 상부상조 → 바람직한 협동 이념 구현

[자립]

농협 운동은 외부의 원조나 지원으로 이뤄지는 것이 아니라 조합원 스스로 자신들의 문제를 해결하고 개선하는 데 목적이 있으므로 '자립'을 이념으로 삼고 있다. '자립'은 외부의 간섭이나 지배에서 벗어나 올바른 협동조합 운동을 전개해 나가기 위한 전제조건이기도 하다.

협동조합 이념을 현실화시키는 3가지 요소는?

협동조합은 이념적인 측면의 정의와 가치, 원칙에 따라 협동조합의 정신을 구현하기 위해 노력하는 한편, 현실적인 여건 속에서 운동과 사업을 병행해 나가기 위해 노력해야 한다.

이때 다음 3요소의 상호작용이 협동조합의 현실적 운영에 매우 중요한 영향을 미친다.

① 조합원
② 자본주의 시장경제
③ 정부

조합원은 협동조합의 소유자이며 이용자임과 동시에 관리자로서 협동조합의 운영에 참여한다. 반면 정부는 협동조합에 관한 법률 제정과 경제활동에 대한 규제와 감독자로서 협동조합의 활동에 영향을 준다. 이에 시장은 협동조합의 사업을 운영해 나가는 장으로서 자본주의적 기업과 함께 협동조합에 영향을 미친다.

국제협동조합연맹(ICA)이 세계 협동조합 변동 요인으로 자본주의 기업과 국가 역할의 변화를 지목한 것은 협동조합 운영의 현실적 여건을 반영한 것이라 할 수 있다. 최근 국제연합(UN)에서도 국제노동기구(ILO)를 중심으로 협동조합에 대한 정부의 역할 지침을 새롭게 규정하는 정책 권고안을 마련 중이다. 이러한 정부기구의 정책권고안에 ICA 등 각국 협동조합은 협동조합에 대한 개념 정의와 정부의 역할이 바르게 규정될 수 있도록 노력하고 있다.

알고 있나요?

국제협동조합연맹(ICA)이란?

국제협동조합연맹(ICA)은 협동조합의 국제기구로서, 영국과 프랑스 협동조합 운동가들이 서로 교류하는 가운데 탄생하였다. 1884년 두 나라 협동조합의 상호교류를 제안한 이래 특히 프랑스의 협동조합 지도자인 보아브의 활동과 다른 나라 협동조합 운동가들의 노력을 통해 1895년 런던에서 1회 대회를 개최하게 되었다.
초기의 ICA 회원국은 주로 유럽의 소비자 협동조합이 중심이었으나, 1960년대 이후 아시아, 아프리카, 중남미 지역으로 가입이 늘면서 세계 최대 비정부조직(NGO)으로 발전하였다.

우리나라는 1972년에 정회원 자격 획득

우리나라의 경우 1963년 농협중앙회가 준회원 자격을 얻었다. 원래 1961년 종합농협이 탄생하면서부터 ICA에 가입하려 노력하였으나, 당시 농협중앙회장을 대통령이 임명하는 체제 하에서는 ICA 원칙 중 정치적 중립 원칙을 지키지 못한다는 이유로 정회원 자격을 얻지 못하다가 1963년에 준회원 자격을 획득하게 되었다. 이후 준회원 자격만으로 ICA에 참여하다가, 1972년 폴란드 바르샤바에서 개최된 제 25회 ICA 총회에서 준회원 제도를 폐지하자 자동적으로 정회원이 되었다.

국내에서는 농협, 수협, 임협, 엽연초 조합, 생협, 신협, 새마을금고, 중소기업협동조합 등 8개 협동조합 단체가 ICA의 회원으로 가입해 있다.

특히 농협은 1998년에 농협중앙회장이 아시아에서는 처음으로 국제농업협동조합기구(ICAO) 회장으로 선출되어 세계농협기관을 대표하게 되었을 뿐만 아니라 2001년에 21세기 첫 ICA 총회를 서울에서 유치 및 개최함으로써 세계 협동조합운동의 중심체로서의 위상을 높이게 되었다.

국제협동조합연맹(ICA)이 발표한 **협동조합의 가치 & 7대 원칙은?**

협동조합의 가치는 실천을 위한 것

모든 사상에 나름대로의 가치가 있듯이 인간존중과 협동의 이념을 지닌 협동조합 사상에도 가치가 내포되어 있다. 이러한 협동조합의 가치는 협동조합이 다른 조직체에 비해 우월한 조직체라는 점을 인식시켜 준다.

협동조합의 가치에 대한 논의는 협동조합 고유의 존재 의의와 협동조합 특유의 사회 · 경제적 공헌에서 출발한다. 역사적으로 1844년 로치데일 협동조합이 탄생한 이래 많은 세월이 흐르는 동안 협동조합이 세계 도처에서 우여곡절을 겪으면서도 양적으로나 질적으로 발전을 거듭해 왔다. 이는 무엇보다 대중 속에 뿌리를 박고, 때로는 운동체로서, 때로는 경영체로서 정신적으로나 경제적으로 봉사해 왔기 때문이다. 이것이 협동조합의 사회적 · 경제적 존재 의의이며 공헌이다. 협동조합이 지니는 기본적 가치의 원천도 바로 여기에 있다.

그러나 협동조합이 기본적 가치를 현실에서 전개해 나가는 데는 보다 구체적이고 실천적인 가치 덕목이 선정되어야만 한다. 사람에 따라 사회 환경에 따라 선정 기준과 내용이 다르고, 상황에 따라 윤리적 기준과 경제적 기준을 달리하다 보면 협동조합의 가치 기준도 가변적일 수밖에 없다. 따라서 협동조합 학자와 운동가들은 모든 나라의 모든 협동조합이 공통으로 추구해야 할 협동조합의 보편적 가치를 규범화하기 위해 많은 노력을 기울여 왔다.

ICA 창립 후 1937년 ICA 원칙이 채택되기까지 각 협동조합의 기본 사상과 국가적 특성에 따라 상당한 논란이 있었고 시간도 필요하였다. 처음의 7대 원칙에 가입조건으로 하지 않는 3개의 임의 원칙을 포함하게 된 것도 바로 이와 같은 이유에서였다. 이후에도 협동조합을 둘러싼 대내외적인 환경 변화에 따라 ICA 원칙은 두 차례에 걸쳐 개정(1차 개정 : 1966년, 2차 개정 : 1995년)되었다. 그러한 노력이 결실을 맺어 1995년 ICA 창립 100주년을 맞아 영국 런던에서 협동조합 가치와 협동조합의 7대 원칙을 제시했다.

협동조합의 가치 : 기본적 가치, 윤리적 가치

ICA가 발표한 협동조합의 가치는 기본적 가치와 윤리적 가치가 있다.

- 기본적 가치

: 자조(self-help), 자기책임(self-responsibility), 민주주의(democracy), 평등(equality), 공정(equity), 연대(solidarity)

- 윤리적 가치

: 정직(honesty), 공개(openness), 사회적 책임(social responsibility), 타인에 대한 배려(caring for others)

협동조합의 가치는 협동조합의 과거와 현재, 그리고 미래를 연결시키는 고리다. 협동조합의 가치는 이상적인 목표가 아니라 실천을 위한 지침으로 행동화하고, 사업화하며, 성과화 하는 데 있다. 그래야만 협동조합다운 협동조합으로 바로 설 수 있다.

협동조합의 7대 원칙

협동조합 7대 원칙은 다음과 같다.

제1원칙 : 자발적이고 개방된 조합원 제도

협동조합은 자발적인 조직으로서, 협동조합을 이용할 수 있고 조합원으로서 책임을 다하면 성(性) · 사회적 신분 · 인종 · 종교 · 정파에 따른 차별을 두지 않고 모든 사람에게 개방해야 한다는 것이다.

제2원칙: 조합원에 의한 민주적 관리

협동조합은 조합원에 의해서 관리되는 민주적인 조직으로서 조합원은 정책수립과 의사결정 과정에 적극 참여해야 하고, 선출된 임원은 책임을 지고 봉사해야 한다는 것이다. 또한 단위조합의 조합원들은 동등한 투표권(1인 1표)를 갖고, 다른 연합단계의 협동조합도 민주적인 방식에 따라 관리해야 한다는 것을 뜻한다.

제3원칙 : 조합원의 경제적 참여

조합원은 협동조합의 자본조달에 공평하게 기여해야 하며, 출자배당이 있을 경우 조합원은 출자액에 따라 제한된 배당을 받을 권리를 인정한 것이다. 잉여금 배분은 준비금 적립, 사업이용 실적에 비례한 편익 제공, 기타 조합원의 동의를 얻은 활동지원으로 제한하고 있다.

제4원칙 : 자율과 독립

협동조합이 정부 등 다른 조직과 약정을 맺거나 외부로부터 자본을 조달하고자 할 때는 조합원에 의한 민주적 관리가 보장되고 자율성이 보장돼야 한다는 것이다.

제5원칙 : 교육 · 훈련 및 정보 제공

협동조합 발전에 효과적으로 기여하도록 교육과 훈련을 해야 한다는 것으로 특히 젊은 세대와 여론 지도층에 협동의 본질과 장점에 대한 정보를 제공해야 한다는 뜻이다.

제6원칙 : 협동조합 간의 협동

협동조합은 지역 간, 인접국가 간 및 국제적으로 함께 일함으로써 조합원에게 가장 효과적으로 봉사하고 협동조합 운동을 강화해야 한다는 것이다.

제7원칙 : 지역사회에 대한 기여

협동조합은 조합원의 의사에 따라 지역사회의 지속가능한 발전을 위해 노력해야 한다는 것이다.

ICA는 협동조합의 원칙이란 협동조합이 자신의 가치를 실천하는 데 지침으로 삼는 것이라고 하였다. 협동조합을 협동조합답게 운영하기 위한 지침을 의미하는 것으로서 우리는 간혹 협동조합의 원칙을 관념의 소산이나 선험적으로 수립된 것으로 생각하기 쉬우나 사실은 협동조합의 본질적 가치를 바탕으로 한 실천적 경험의 산물이라고 할 수 있다.

협동조합 원칙은 시대적 환경이나 국가 그리고 협동조합의 유형 등에 따라 변화되고 신축적으로 적용될 수밖에 없으며, 시간과 공간을 초월하여 모든 협동조합에 획일적으로 적용할 수 있는 절대적인 원칙이란 있을 수 없을 것이다.

일부 원칙은 시대와 환경 변화에 따라 바뀔 수 있지만 원칙 자체는 협동조합 형태나 성격을 결정짓는 지침으로 작용한다. 원칙에 대한 협동조합들의 채택과 준수 여부는 협동조합 본연의 가치실현 여부를 가늠하는 핵심적인 요인이 된다는 것을 모두가 이해해야 한다. 이러한 원칙을 운영에 반영하고 실천하도록 노력해 나가야 할 것이다.

이것만은 꼭! 알아둬야 할 '협동조합 기본법' 에 대하여

2012년 협동조합 기본법 시행

우리나라에서는 2012년 12월 1일, 협동조합 기본법이 공포, 시행되었다. 협동조합 기본법이 생기기 전에는 8개의 개별법(농업협동조합법, 중소기업협동조합법, 수산업협동조합법, 엽연초생산협동조합법, 신용협동조합법, 산림협동조합법, 새마을금고법, 소비자생활협동조합법)이 있었는데, 이 개별법은 다음과 같은 한계가 있었다.

〈기존 법제의 한계〉

- 8개 개별법에 의해서는 협동조합적인 방법으로 사업을 하고자 하는 사람들이 자유롭게 협동조합을 설립할 법적 근거가 없었다.
- 기존의 협동조합법에서는 1차 산업 및 금융, 소비 부문의 협동조합만 설립이 가능했다. 때문에 2차, 3차 산업이 절대적인 비중을 차지하고 있는 지금의 시대와 맞지 않았다.

이에 협동조합 기본법은 기존의 법제가 충족시키지 못했던 새로운 경제 · 사회적 욕구를 반영하게 되었다. 기존의 8개의 개별법에 의한 협동조합 이외에 협동조합적인 방법으로 사업을 운영하고자 하는 사람들도 분야에 관계없이 누구든지 협동조합의 설립이 가능하게 되었다. 일반 협동조합의 경우에는 시도지사에게 신고만으로 협동조합을 설립할 수 있도록 하였다. 새로운 협동조합 기본법의 특징을 요약하면 다음과 같다.

〈새로운 협동조합 기본법〉

- 기존의 8개 개별법의 한계를 개선한 독립적인 일반법이다.
- 5인 이상이면 누구나 설립할 수 있다.
- 출자 액수와 상관없이 1인 1표 즉, 1인이 1개의 의결권과 선거권을 갖는다.
- 소규모, 소액으로도 창업할 수 있다.

협동조합 기본법은 협동조합이라는 새로운 형태의 법인격을 취득하여 협동조합을 설립할 수 있는 법적 근거를 마련하였다는 데 의의가 있다.

협동조합 유형과 형태는?

협동조합 기본법에 의하면 다음 4가지 유형의 협동조합이 있다.

1. 소비자 협동조합

조합원의 소비생활 향상을 위한 물품 구매 혹은 서비스를 위한 협동조합

2. 사업자 협동조합

개별 사업자들이 공동판매, 공동구매, 공동브랜드 사용 등 수익 창출을 위해 활동하는 협동조합

3. 직원 협동조합

직원으로 고용되어 특정 사업을 영위하기 위한 협동조합

4. 다중이해관계자 협동조합

생산, 소비, 직원 고용, 자원봉사 등 다양한 이해관계자의 복리 증진에 기여하기 위한 협동조합

또한 기본법에 의한 협동조합은 일반협동조합과 사회적협동조합의

2가지 형태로 모두 설립할 수 있다.

- 일반협동조합 : 업종과 분야에 제한이 없는 일반적인 협동조합
- 사회적협동조합 : 공익사업을 40% 이상 수행하는 협동조합
  (예 : 취약계층에 서비스 제공, 지역사업 공헌, 위탁사업, 취약계층 일자리 제공 등 봉사나 후원 행위, 기타 공익을 사업)

공익사업을 수행하는 사회적협동조합의 경우, 다양한 이해관계자(생산자, 소비자, 자원봉사자, 후원자, 직원 등)가 둘 이상 참여하는 것이 기본법상의 설립 조건이다.

기존의 협동조합과의 관계는?

그렇다면 기존의 법제 하에 설립된 협동조합과의 관계는 어떻게 적용될까?

기존의 협동조합과의 관계에 대하여 기본법 제13조 제1항은 "다른 법률에 따라 설립되었거나 설립되는 협동조합에 대하여는 이 법을 적용하지 아니한다."라고 규정함으로써 개별법에 의한 협동조합에 대해서는 기본법 적용을 배제했다. 그러나 제13조 제2항에서는 "기존의 개

별법을 개정하거나 새로운 법률을 제정할 때에는 기본법의 목적과 원칙에 맞아야 한다."라고 규정하여, 기존 협동조합도 기본법 체제로 끌어들이는 의도를 가지고 있다. 또한 다른 협동조합, 다른 법률에 따른 협동조합 등과 협의회를 구성 · 운영할 수 있도록 하였다.

기본법 시행 당시에 주식회사와 같은 영리법인이나 여타 법령에 의해서 다른 법인격을 가지고 있는 사업체라도 협동조합과 유사한 목적을 가진 사업체라면 법 시행 후 2년 이내에 기본법에 의한 협동조합으로 전환할 수 있고 기존의 사업경력을 인정받을 수 있다. 예를 들어 사회적 기업 육성법에 따라 사회적 기업의 인증을 받은 기업이 사회적 협동조합으로 전환할 수 있고, 주식회사 형태로 운영되던 유사 협동조합들도 협동조합으로 전환할 수 있다.

농업협동조합법에 의한 영농조합법인과 농업회사법인도 기본법 상의 협동조합으로 전환할 수 있는데, 지금까지 영농조합법인이 농협법상의 협동조합이라기보다는 보조금의 지원 통로로 이용되어 온 면도 있기 때문에 이들 역시 기본법상의 협동조합으로 전환할 것인지에 대한 이해득실을 따질 것이다. 그밖에 주식회사 또는 사단법인 형태로 운영되어온 협동조직들도 기본법 상의 협동조합으로 전환을 고민할 것이다.

기본법에 의해 전국 또는 지역 단위의 연합회가 설립되면, 이들 연합회들을 지원하는 전국적인 연합조직 및 협력, 지원체계가 필요하다. 이 협력기구를 통해 대한민국 협동조합을 대표하여 선진국 및 관련 국제기구 단체와 협력체계를 구축해야 한다.

협동조합이 자생적이면서 지속가능하고 독립성을 갖춘 조직이 되려면 기존의 개별법에 의한 협동조합과의 관계를 재설정하고 이들의 협력을 이끌어내야 한다. 우리나라에서 협동조합운동을 시작해 수십 년의 역사를 가지고 있는 기존 협동조합의 전문 인력을 적극 활용할 필요가 있다.

아하! 그렇구나!

숫자로 풀어보는 알기 쉬운 협동조합 기본법

숫자	내용		의의
	요약	상세	
1	1인 1표	출자액수와 관계없이 1인 1개의 의결권과 선거권 부여	주식회사(1주 1표)와 다른 민주적 운영방식
2	2개의 법인격	일반협동조합 / 사회적 협동조합	영리 · 비영리 부분의 정책수요 모두 반영
3	최소설립조합수 3개	3이상의 협동조합이 모여 연합회 설립 가능	협동조합 활성화 촉진
4	자본주의 4.0 (대안적 기업모델)	기존 주식회사, 비영리법인과 달리 소액, 소규모 창업, 최약계층 자활을 통한 공생발전 모델	양극화 해소, 서민경제 활성화의 대안모델
5	최소설립인원 5인	5인 이상 자유롭게 설립 가능 (기존 개별법 : 300~1000명)	자발적 소규모 활동 지원
6	기본법 제6조 (협동조합 기본원칙)	- 조합원을 위한 최대 봉사 - 자발적 결성, 공동소유, 민주적 운영 - 투기, 일부조합원 이익 추구 금지	협동조합 정신 반영
7	7월 첫째 토요일 (협동조합의 날)	협동조합의 날(7월 첫 토요일) 협동조합주간(그 전 1주간)	협동조합 활성화 촉진
8	8개 협동조합법의 일반법	기존 8개 법과 독립적인 일반법 (농협,수협,신협,중기협,생협,새마을,엽연초,산림조합법)	협동조합 설립 범위 확대 개별법과 관계 정립

(도표 출처 : 협동조합 홈페이지 www.coop.go.kr)

‘협동조합’ vs ‘주식회사’,
어떻게 다를까?

협동조합과 주식회사, 이런 점에서 다르다

협동조합과 주식회사는 어떻게 다를까? 이와 관련해 다음과 같은 의문이 생길 수 있다.

> “협동조합과 주식회사는 사업을 통해 이윤 추구를 하는 점에서는 차이가 없는 것 아닌가요?”

주식회사가 이윤의 극대화를 목적으로 하는 것은 분명하다. 그러나 협동조합은 존립의 목적을 이윤 추구나 출자 배당 그 자체에 두고 있지 않다. 오히려 출자나 배당금을 제한하면서까지 조합원 각자가 조합 운영에 동등한 권리를 행사할 수 있도록 하고 있다. 조합원의 입장에서도 배당보다는 조합을 통해 받는 서비스가 더 필요한 경우가 많다.

협동조합의 주식회사의 차이점은 다음과 같다.

분류	협동조합	주식회사
정체성	인적 결합체	자본 결합체
목적	조합원의 경제적 · 사회적 · 문화적 지위 향상	이윤의 극대화와 주주의 이익
의사결정	출자액과 상관 없이 1인 1표 (조합원 모두가 평등한 권리)	출자액에 비례한 의사결정 (경영권을 장악한 대주주에 의해 모든 의사가 결정)
주인	조합원이 주인	주주가 주인 (많은 돈을 투자한 대주주가 실제 주인이고 소액 주주는 경영에 아무런 영향력도 행사할 수 없다.)
대상	조합원의 이용을 원칙으로 함	불특정 다수의 고객이 사업대상

단, 협동조합도 경영 부실로 인해 조합원이 피해를 보아서는 안 되기 때문에 사업을 통해 적정한 이윤을 내야 한다. 조합원을 위한 일을 더 잘 할 수 있도록 자본을 적립해야 한다. 그러나 협동조합 운영의 기본 원리는 사업을 통해서 조합원이 골고루 혜택을 받게 하는데 있지 사업 자체를 통한 이익 확보에 있지 않다.

따라서 협동조합은 사업을 수행하는 과정에서 기본 목적을 충실히 따라야 함은 물론 경영의 합리화나 경비 절감을 통해 보다 많은 이익이 조합원에게 돌아 갈 수 있도록 최선의 노력을 다해야 한다.

자본 조달 방식도 다르다

기업이나 협동조합 모두 사업을 수행하기 위해 자본을 조달하고 있지만, 조달된 자본의 성격과 조달 하는 방식에서는 큰 차이를 보이고 있다.

우선 기업은 이윤 획득을 목적으로 하기 때문에 투자자(주주)의 자격에 제한이 없으며, 투자자는 배당을 목적으로 투자한다. 그러나 협동조합은 조합원의 출자를 통해 자신의 경제활동을 위한 사업자금을 조성하는 것이기 때문에 배당 자체를 목적으로 하지 않다. 또한 외부의 투자가 이루어져도 투자자의 자격이나 투자액에 대해 제한을 두고 있다. 이러한 점이 협동조합 자본조달의 가장 큰 특징이라고 하겠다.

협동조합의 자본조달 방식은 내부 조달과 외부 조달로 나눌 수 있다. 어느 조직이든 내부에서 자기자본을 조달할 수 있다면 기업지배를 공고히 하고 조직의 신용도를 높일 수 있기 때문에 가장 이상적이라 할 수 있을 것이다.

서구의 협동조합은 조합원의 출자를 촉진하기 위해 기본출자제도, 단위당 자본적제도 등과 같이 조합원 별로 사업양에 비례해 공정한 출자의무를 부과하는 제도를 도입하거나 조합원에게 투자증권을 발행하고 있다. 또한 조합원의 출자로 충당하지 못하는 자본 조달 문제를 해결하기 위해 외부 투자자에게 투자증권을 발행하거나 공공투자 자회사를 설립하는 등 다각적인 노력을 기울이고 있다.

농협도 합리적인 자본 도달 방식을 강구해야

우리나라 농협의 경우 농가인구의 감소와 노령화로 조합원 수는 감소하는 등 주변 환경을 고려할 때 자본 확충에 많은 어려움이 있다. 일선 조합의 사정이 어렵기 때문에 농협중앙회도 내부 조달에 의한 자본 확충에는 상당한 제약이 따를 수밖에 없다.

그럼에도 불구하고 2009년 5월 농협중앙회가 '일선 조합의 납입출자금 1조원 추진운동' 을 벌여 6월 26일 1조원 규모의 대규모 자기자본 확충에 성공한 것은 획기적인 일이다. 은행권에서 유례없이 최단 기간에 1조 원의 자기자본을 추가로 확보하면서 농협의 신용부문 국제결제은행(BIS) 기준 자기자본 비율은 3월 말 11.99%에서 6월 말 12.5%로, 자기자본 비율도 7.8%에서 8.2%로 높아져 농협중앙회의 대외 신인도가 크게 높아지게 됐다.

대자본과 경쟁하고 조합원에게 실익을 제공할 수 있는 사업체를 유지하면서 새로운 사업에 진출하기 위해선 자본의 확충이 필수적이다.

따라서 농협도 장기적으로는 외부로부터 자본조달을 할 수 있는 다각적인 방안 등을 강구할 필요가 있다. 앞으로 농협이 헤쳐가야 할 어려운 과제 중의 하나는 바로 협동조합의 지배나 간섭을 막으면서 외부로부터 자본을 조달하는 합리적인 방안을 강구하는 일이다.

이거 알아요?

에드가 파넬이 말한 '진정한 협동조합의 10요소'는?

영국의 저명한 협동조합 전문가인 에드가 파넬은 진정한 협동조합이 되기 위한 10가지 요소를 제시하고 협동조합이 올곧게 협동조합의 역할을 다 할 수 있도록 하는 간절한 기원을 담은 기도문을 발표해 큰 반향을 일으켰다.

내용의 대부분은 협동조합의 원칙에 속하는 것들이다. 에드가 파넬은 "협동조합이 결코 만병통치약이 아니며, 모든 상황에 맞는 적합한 조직 형태도 아니지만, 적소(適所)와 적시(適時)의 경우에는 종종 최상의 선택이 될 수 있다."고 그의 저서에서 밝히고 있다.

10가지 정의의 내용은 다음과 같다.

1. 협동조합은 조합원의 이익을 위해 존재해야 한다.
2. 조합원은 주요 이해관계자 집단에 속하는 사람들로 제한되며, 정치 · 종교 · 인종 등 기타의 이유로 조합원의 자격이 제한되지 않아야 한다.
3. 협동조합의 서비스를 더 이상 이용하지 않는 조합원은 조합원의 자격이 없다.
4. 주요 이해관계자 집단에 속해 있고 협동조합의 서비스를 정기적으로 이용하는 사람은 조합원이 될 자격이 있고, 또한 협동조합 이용은 적극적으로 권장되어야 한다.
5. 조합원 가입은 강요되어서는 안 되고, 마찬가지로 협동조합은 비조합원에 대한 서비스 제공을 강요받아서는 안 된다.
6. 조합원은 직 · 간접적으로 협동조합을 통제할 수 있어야 한다. 이는 조합원에게 적어도 이사와 감사를 선출 또는 해임할 수 있는 권한과 협동조합의 기본 목표를 수립하고 규정의 개정과 이익 분배에 동의 할 수 있는 권한이 있음을 뜻한다.
7. 협동조합의 이익은 이용 실적에 따라 모든 조합원에게 공평하게 배분되어야 한다.
8. 조합원은 협동조합의 이익뿐만 아니라 위험도 함께 책임져야 한다.
9. 조합원을 포함해서 협동조합의 운영을 위해 투자된 자금에 대해서는 시장 이자율에 의한 이자를 받을 수 있으나 투자 수준에 비례해서 이익을 분배 받거나 투표권을 행사해서는 안 된다.
10. 협동조합이 조합원의 실질적 요구에 지속적으로 봉사 할 수 있기 위해서는 경영자와 조합원 양방 간에 의사소통을 원활히 할 수 있는 운영체계가 있어야 한다.

협동조합의 유형,
무엇이 있나요?

: 주식회사형, 자회사형, 비례형, 주식참여형

주식회사형 협동조합

→ 주식시장에 상장시키는 협동조합

협동조합을 주식회사로 전환하여 주식시장에 상장시키며, 조합원은 주식회사의 대주주가 되어 사업과 경영을 통제하는 것이다. 협동조합은 사업체로서의 실체는 가지지 않고 조합원의 지분을 모아 주식회사를 통제하는 지주회사로서의 역할만을 수행한다.

이 유형이 처음 나타난 아일랜드 낙농협동조합에서는 정관에서 지주회사인 협동조합의 주식회사에 대한 지분을 50% 이상 유지하는 것을 원칙으로 하였으나, 외부자본의 조달 필요성 때문에 보유지분비율은 점차 줄어들고 있는 추세이다.

아일랜드 내에서도 이 유형을 협동조합으로 분류한 것인지에 대해서는 논쟁이 있었으나 조합원의 소유권과 통제권, 수익권 형태가 다양하게 변화되고 있는 추세를 반영하여 주식회사형 협동조합으로 분류

한다.

자회사형 협동조합

→ 자회사를 설립하여 사업을 이전시키는 협동조합

협동조합이 주식회사 형태의 자회사를 설립하고, 협동조합의 대부분의 사업을 자회사에 이전하는 것이다.

협동조합은 자회사의 최대 주주로서 자회사의 사업과 경영을 통제하는 역할을 수행하는데, 대개 조합원에게 꼭 필요한 기본적인 업무를 담당하거나 자회사와 연계된 일부 사업기능만을 취급하는 경우가 많다. 자회사형 협동조합은 주식회사형 형태로 설립된 자회사를 통해 자본조달 문제를 해결할 수 있다는 점에서 장점이 있으나 지회사의 외부자본 비율이 증가한다면 대주주인 협동조합의 자회사 지분이 줄어들게 되어, 결과적으로 자회사를 효과적으로 통제하지 못하는 문제가 발생할 수 있다.

비례형 협동조합

→ 사업 이용량만큼 출자하는 협동조합

사업의 이용량에 비례하여 조합원이 출자를 해야 하는 협동조합으로, 조합원의 가입과 탈퇴가 제한적이라는 것이 특징이다.

조합원의 협동조합 가입을 제한시키는 이유는 가입과 탈퇴가 자유로울 경우 조합원들이 협동조합의 사업 전망이 불투명한 초기에는 자본 출자를 회피하다가 협동조합이 사업에 성공한 이후에는 가입하기를 원하는 현상이 자주 발생해 초기에 자본을 조달하기가 어렵기 때문이다.

따라서 초기에 가입하지 않으면 협동조합이 사업에 성공한 이후에도 가입하지 못하게 하는 제약조건을 부여함으로써 조합원들의 초기 자본출자와 사업 참여를 유도하고자 한다. 또한 협동조합 사업을 이용한 만큼에 비례하여 자본을 출자하도록 함으로써 자본은 출하하지 않고 사업만 이용하고자 하는 조합원들의 무임승차 행위를 방지하여, 협동조합에서의 자본조달 문제를 해결하고자 한다. 이밖에 조합원이 협동조합에 출자한 지분은 조합원간에 거래가 가능하며, 이 경우 협동조합의 자산 가치와 사업성과에 따라 출자지분의 가격이 변화하게 된다.

이 유형의 협동조합에서는 주로 의결권이 없는 우선주를 발행하여 외부투자를 허용하는 경우가 많다. 무의결 우선주는 외부 투자자에게 의결권을 주지 않고도 외부투자를 유치할 수 있는 장점이 있으나, 최근에는 외부 투자자들의 투표권 요구를 받아들여 이들에게 의결권을 일부 허용하는 경우도 나타나고 있다.

주식참여형 협동조합

→ 주식을 발행하는 협동조합

주식을 발행하여 외부 자본을 유치하는 협동조합으로서, 외부투자자들은 배당을 받을 목적으로 협동조합에서 발행한 주식을 매입하며, 협동조합은 매년 조합원의 자산 가치를 평가하여 이를 주식가치에 반영한다.

이 유형도 역시 조합원으로부터의 자본조달 한계를 외부자본 유치를 통해 극복하고자 하는 의도에서 발생하게 된다. 협동조합에서 발생하는 주식은 의결권이 주어지는 경우와 무의결 우선주로 나누어진다. 의결권이 부여된 주식을 매입한 외부투자자는 투자자 조합원이 되며, 협동조합의 의사결정 과정에도 참여하게 된다.

협동조합
발전의 5단계

조합원 분화와 글로벌 경쟁에 따른 협동조합의 구조개혁은 세계적으로 보편적인 현상이다. 쿡(1995)은 미국 농협의 역사적 경험을 토대로 5단계로 구분되는 협동조합의 생명주기 가설을 제시하였다. 이는 협동조합 구조문제에 대한 이론적 가설과 이를 해소하기 위한 협동조합 구조개혁의 현실적 대안을 제시한 것으로 평가된다.

제1단계

: 미국에서는 1920년대 지역별 농민단체의 주도하에 농업협동조합이 광범위하게 설립되었다. 지역 협동조합은 지역시장에서 영리회사의 독과점 횡포를 견제하고 시장경쟁을 촉진하는 역할을 수행하였다.

한편 협동조합운동가 사피로의 주도 하에 설립된 품목 협동조합은 전국단위 수급 조절을 통해 시장지배력을 확보하고 농민에게 유리한 시장가격 형성을 주도하였다.

제2단계

: 지역협동조합은 영리회사를 견제하면서 조합원에게 유리한 가격으로 사업 서비스를 제공하였다.

이는 협동조합의 시장경쟁 촉진효과로 평가되면서 미국 정부는 협동조합에 대한 특별법을 제정하여 독점금지법 적용을 면제하였다. 품목 협동조합은 설립 초기에는 일정한 성공을 거두지만 조합원의 무임승차 행동과 정부의 가격지지정책 시행으로 대부분 실패하였다.

제3단계

: 지역협동조합은 영리회사에 대한 시장 견제 역할을 효과적으로 수행한 결과 영리회사의 독과점 행사를 해소하는 성과를 거두었다.

그러나 시장실패 문제가 거의 해소됨에 따라 조합원은 협동조합의 경제적 실익을 인식하지 못하게 되었다. 다양한 계층으로 분화된 조합원은 이용자 편익과 투자자 이윤의 관점에서 협동조합 구조문제에 관심을 집중하게 되었다.

제4단계

: 협동조합의 지도자들은 협동조합의 구조문제(기간문제, 위험문제, 통제문제, 무임승차문제 등)에 대한 인식이 높아졌다. 이 단계에서 협

동조합의 운영은 힘들고 도전적인 일이 되었으며, 다음과 같은 전략적 선택 대안을 본격적으로 논의하게 되었다.

① 시장에서 탈퇴하는 것

② 사업을 지속하는 것

③ 조직구조를 전환하는 것

제5단계

: 협동조합 지도자들은 전략적 선택 대안의 한 가지를 실행한다.

① 시장 탈퇴 : 해산, 합병(부실조합), 영리회사 전환(우량조합)

② 사업 지속 : 외부조달(자회사, 합작투자), 내부조달(기본출자제, 비례투표제 등)

③ 조직구조 전환 : 구조문제를 해소하는 신세대 협동조합 등 비례 모형 협동조합 설립

발전단계별 3유형

: 연합회형, 기업모형, 비례모형

연합회형 협동조합

조합원 분화와 글로벌 경쟁에 직면한 전통모형 협동조합은 재산권 문제와 구조문제의 심화로 사업경쟁력 저하와 재무구조의 악화에 시달리게 된다. 이 경우, 구조개혁의 가장 일반적인 대안은 조직의 인수 및 합병, 사업의 연합회 이관과 통합이며, 그 결과 거대한 광역 연합회 조직으로 나타난다.

〈사례 : 미국 팜랜드 농협〉

미국 팜랜드 농협은 연합회형 협동조합의 대표적 사례로서 미국, 캐나다, 멕시코에 걸쳐 60만 명의 농민조합원과 1,700개의 회원조합을 갖는 광역연합회이다. 1990년대 토바고와의 합작투자 등 30건의 구조조정을 가쳐 거대한 조직으로 발전하였고, 축산, 곡물, 석유, 비료 등 다양한 사업을 수행하면서 2001년에 118억 달러의 매출을 기록한 미국 최대의 협동조합이다.

팜랜드 농협은 1929년 대형 석유회사의 독과점에 대응하기 위해 6개 지역농협이 설립한 연합회로 출범하였으며, 농업성장기에 회원조합이 가입 확대와 사업 다각화 등으로 규모를 확대하였다. 연간 매출액은 1970년대 18억 달러에서 1980년대 42억 달러, 1990년대 68억 달러로 성장하는 등 사업량 극대화를 통해 평균비용을 감축하는 전형적인 규모화 사업전략을 추구하였다.

글로벌 경쟁이 심화된 1990년대 들어서도 팜랜드 농협은 다국적기업과의 경쟁을 위해 매출액 증대와 사업 확장을 최우선 목표로 추진하였으며, 사업 확대에 따른 차입 증대와 비료사업의 적자로 유동성 위기에 직면하여, 2002년 파산을 신청하였다. 회원조합은 평균 92억 달러의 출자증권이 휴지조각이 되었고, 손실 분담을 위해 조합원 출자증권의 가치를 58% 평가 절하하였다.

팜랜드 농협의 실패는 주로 협동조합의 재산권문제와 구조문제에 기인한다. 조합원과 회원조합의 이질적 구성은 상반된 이익 추구로 효율적 사업추진을 저해하였고, 전통적 자본조달 방식은 자본금 확충의 제약조건이었다. 농민으로 구성된 이사회는 전문성 결여로 합리적 정책결정에 실패하였고, 흑자사업(축산)의 적자사업(비료)에 대한 교차보조는 경영위기를 초래하였다.

조합원 분화와 글로벌 경쟁에 대응하기 위한 협동조합의 구조개혁은 비례모형 조직구조로의 전환이 핵심과제이다. 위의 실패사례는 전통모형 조직구조의 미세조정과 사업전략의 강화만으로는 지속가능한 구조개혁을 실현할 수 없다는 교훈을 시사하고 있다. 또한 '구조개혁' 에 대한 민주적 합의를 도출하는 과제의 현실적 어려움과 잠재적 가치를 동시에 보여주고 있다.

기업모형 협동조합

기업모형 협동조합은 글로벌경쟁에 대응한 차별화 사업전략을 추구하면서 주식회사 방식을 활용한 외부자본 조달 등으로 조직구조의 유연화를 통해 구조개혁을 추진한다. 이는 자본금 확충을 위해 투자자 이윤을 부분적으로 보장하는 의미에서 협동조합과 영리회사의 혼성 모델이다. 최근 미국과 유럽의 협동조합에서 이러한 경향이 널리 확산되고 있다.

〈사례 : 아일랜드 케리 낙농협동조합〉

아일랜드의 케리 낙농협동조합은 1986년 주식회사로 전환하였다. 글로벌사업 전략을 추진하면서 투자재원조달을 위해 구조개혁을 단행하고 협동조합의 자산과 사업을 모두 자회사에 이관하였다. 자회사는 9만 주의 주식을 발행하여 900만 파운드의 자본금을 추가 조달하였다. 협동조합에게는 B형 주식(시장거래 금지), 조합원에게는 거래가 허용되는 A형 주식을 배정하였다.

자회사(케리그룹 PLC)는 이후 지속적 성장을 통해 140개 국가에 1만 5,000개 품목의 제품을 공급하는 매출액 45억 유로의 세계적 식품회사로 발전하였다. 2008년 시가 총액은 35억 유로이며, 협동조합은 24%의 지분보유로 최대 주주의 지위를 유지하면서 조합원 중심의 글로벌 수직계열화 사업 체제를 구축하였다.

케리 협동조합은 자회사 방식의 구조개혁을 통해 조합원의 이용자 편익을 일부

희생하면서 투자자 이익을 추구한 사례로 평가된다. 이는 외부 자본조달, 시장 기준의 합리적 우유납품가격 결정, 주식시장의 경영평가 등 영리회사 방식의 장점을 활용하는 기업모형으로 전환하여 협동조합이 역사적으로 축적한 공동 자본의 시장가치를 극대화하는 성과를 거두었다.

기업모형 협동조합은 조합원의 이용자 편익을 추구하면서 이와 상반되는 외부 주주의 투자자 이익도 추구하는 불안정한 조직구조를 가진다. 경기변동에 따른 경영위기 등에 따라 조합원이 통제권 유지에 실패하는 경우 결국 영리회사로 전환될 가능성이 높다. 특히 공동자본의 시장가치가 높게 평가되는 협동조합의 경우, 영리회사로부터 적대적 인수합병의 대상이 되기도 한다.

얼(Earl, 2009)은 캐나다 곡물농협의 구조개혁 과정을 분석하면서, 기업모형 협동조합의 실패요인을 분석하였다. 100년 역사의 4개 곡물농협들은 1990년대 현대적 시설투자를 위해 주식회사로 전환하여 외부자본을 유치하였다. 그러나 경기불황에 따른 유동성 위기와 이사회의 대응 실패로 2006년에 결국 영리회사에 의해 인수 합병되면서 농민조합원의 통제권은 완전히 상실되었다.

비례모형 협동조합

비례모형 협동조합은 차별화 사업전략과 비례원칙 조직구조를 동시에 추구하는 구조개혁 방식이다. 이는 새로운 글로벌 시장실패 문제에 대응하기 위하여 협동조합 원칙(이용자의 소유권, 통제권 및 수익권)을 강화하는 구조개혁을 통해 조합원의 이용자 편익을 추구하며, 현실적 사례는 신세대협동조합의 신설과 전통적 협동조합의 구조전환 등이다.

〈사례 : 네덜란드 그리너리 협동조합〉

농산물 수입과 대형마트의 시장지배력으로 구조문제와 경영위기에 직면한 네덜란드의 9개 원예농협은 효율적인 물류체계 구축을 위해 1996년 합병을 결의하면서 경매장 시설을 매각하여 도매유통 자회사를 설립하는 구조개혁을 단행하였다. 목적은 조합원에게 최선의 가격을 보장하는 것이며, 수단은 도매유통 회사를 통해 대형마트에 대한 거래교섭력을 강화하는 것이었다.

합병농협은 조직구조를 평등원칙에서 비례원칙으로 전환하여 자회사의 사업 전략과 합치시켰다. 먼저 지역별 출하 규모에 비례하여 대의원을 선출하며, 대의원회는 이사를 선출한다. 협동조합의 이사는 자회사의 감독이사를 겸임하며, 감독 이사회는 집행이사 선임, 사업계획 승인, 경영성과 평가를 통해 자회사 운영을 통제하여 조합원의 이용자 편익을 실현한다.

합병농협은 자회사 투자의 대부분을 외부차입에 의존하였으나, 유동성 위기 예방을 위해 조합원 출자를 확대하였다. 협동조합 자본금의 일부를 개별지분으로 전환하고, 조합원에게 출하액의 1%를 의무적으로 자회사에 예치하는 제도를 도입하였다. 사업이용량이 많은 조합원을 우대하도록 수익과 비용의 합리적 배분구조를 확립하여 교차보조와 무임승차 문제를 해소하였다.

네덜란드 그리너리 협동조합의 성과는 이론적 비례모형을 실천한 성공사례이며,

100년 역사의 전통모형 협동조합이 조합원의 민주적 합의를 통해 비례모형으로 전환한 구조개혁 사례로서 시사점을 갖는다. 자회사를 투자자 이익이 아닌 이용자 중심으로 운영하여 대형마트에 대응한 농민 중심의 글로벌 수직계열화를 구축한 점은 많은 협동조합과 연구자들이 높게 평가하는 벤치마킹 사례이다.

학파별 3유형

: 공화국 학파, 캘리포니아 학파, 경쟁의 척도 학파

공화국 학파

→ 초기 협동조합 운동에 영향

협동조합 공화국 사상은 유럽지역에서 강력한 지지를 받은 이론이며, 미국의 초기 협동조합 운동 지도자들에게도 많은 영향을 미쳤다. 협동조합 공화국 학파(The Cooperative Commonwealth School)는 협동조합을 경제 내 다른 사업조직체와의 관련성을 향상시키기 위한 포괄적인 조직체로 이해한다.

이 학파의 입장은 협동조합이 발전하여 소비자와 농가 부문에서 시장 지배적 위치를 차지할 것이라는 전망에 기초한다.

나아가 협동조합이 연합회를 결성하고 노동조합이나 전업농가 협회 등 관련조직과의 연대를 통해 새로운 경제적 사회적 질서를 창출할 것이라는 확신을 갖고 있었다(Bonner, 1961). 이 사상은 조합원들에게 유력한 계급으로 성장하리라는 믿음을 주었을 뿐 아니라 협동조합의 정치, 경제적 영향력을 제공하는 원천이 되었다.

캘리포니아 학파

→ 품목별 협동조합 운동으로 체계적 유통을 지향

사피로(Sapiro)가 주도한 캘리포니아 학파(The California School)는 품목별로 조직된 협동조합을 통해 보다 체계적인 유통을 달성하여, 농업인에게 불리한 시장불균형을 해소하고 시장조건을 개선하는 것을 지향하였다.

이 학파는 협동조합이 농업인만을 조합원으로 하여 품목별로 조직되어야 하며, 조합원과 조합 사이에 장기출하계약을 체결하고, 전문적인 경영자를 고용해야 한다고 주장하였다.

이러한 협동조합은 특히 태평양 연안의 특수작물 재배 농가들에게 적합한 조직 형태였다. 이들은 상당한 시장점유율을 확보하고 등급화와 공동계산방식을 채택하였는데, 이를 통해 농업인들은 수확기에 농산물을 시장에 헐값에 팔아넘기는 어려움을 피하고 질서정연하게 출하할 수 있게 되었다.

이러한 운동은 광범위한 지역에서 재배되는 품목보다는 주로 제한된 지역에서 재배되는 품목에서 성공을 거두었다. 그럼에도 불구하고 그는 북미지역에서 농업인들이 협동조합을 통해 시장교역조건을 개선시키는 데 기여하였다는 점에서 폭넓은 지지를 받았다. 다양한 품목 분야에서 이러한 협동조합의 성공은 1922년의 캐퍼-볼스테드 법(Capper-Volstead Act)과 1926년의 협동조합 마케팅 법(Cooperative Marketing Act)의 입법에 큰 영향을 미쳤다. 그 후 1929년 연방농업위원회(Federal Farm Board)의 주도로 진행된 하향식 전국품목협동조합의 설립과정에서 사피로의 접근방식이 수정되어 적용되었으나, 그 결과는 대개 실패로 끝났다. 사피로의 농산물 유통체계를 바로잡기 위해 1937년 제정된 농업판매협약법보다 한 발 앞서 그것의 필요성을 역설하기도 하였다.

경쟁의 척도 학파

→ 협동조합의 견제와 균형 강조

미국 협동조합 사상의 또 다른 축은 너스(E.G.Nourse) 교수가 주도한 경쟁의 척도 학파(The Competitive Yardstick School)이다.

이 학파는 사피로가 주창한 광역 범위의 품목 협동조합 운동에 대응하여 발전하였다. 너스는 자유시장 경제를 지향하는 시카고 학파에서 교육받은 경제학자로서 상대적으로 온건한 협동조합 구조를 주창하였다.

그의 이론은 주로 중서부 지역의 축산, 자재, 곡물 협동조합 등 지역 단위로 조직된 서비스 협동조합에 뿌리를 두고 있었다. 그는 지역사회에서 농업인의 욕구를 충족시키기 위해 조직된 협동조합을 대상으로 하여 협동조합의 지역적 통제를 강조하였다. 그의 이론적 가설에 따르면 협동조합은 제한적인 시장점유율을 갖는 유통사업을 통해서도 경쟁 척도 역할을 수행하여 유통채널을 지배하는 민간기업의 독점행위를 견제할 수 있다는 것이다.

이러한 협동조합의 견제와 균형 기능은 민간 부문의 사업 활동에 대한 지표를 제공하며 그들이 보다 경쟁적으로 행동하도록 강제하는 역할을 수행한다. 너스는 협동조합의 역할에 힘입어 시장이 보다 경쟁적 구조로 변화하였을 때 협동조합은 제 역할을 달성하고 사라질 수 있다고 주장하였다.

그러나 실제로 그처럼 완전하게 경쟁적인 시장은 지속적으로 유지되기 어렵다. 너스는 사피로가 주창한 방식의 민주적으로 통제되고 시장 지배적인 품목조합의 설립에 반대하는 입장을 취하였다. 반면에 너스는 소규모 지역협동조합들도 구매 또는 판매 연합회를 통하여 규모의 경제를 실현할 수 있다고 보았으며, 이 경우 협동조합들은 중앙집권적이고 하향식 조직이 아닌 상향식 조직을 유지할 수 있다고 주장하였다.

협동조합이 시장의 발전, 서비스, 효율성과 경쟁에 미치는 영향을 강조한 너스의 주장은 협동조합에 대한 정책적 지원이 이루어져야 한다는 공감대를 이끌어내는 이론적 기초를 제공하였다. 그리고 협동조합의 경쟁 촉진 역할을 강조함으로써 정부의 세법과 독점금지법에서 협동조합에 대한 예외 조항을 허용하는 근거를 제공하기도 하였다.

경쟁의 척도 학파는 너스 자신의 학문적 위상에 의해 더욱 높게 평가되었다. 그는 1925년에 미국협동조합연구소를 설립하여 협동조합 원칙과 운영방식에 관한 현실적 논의에 기여하였다. 또한 미국농업경제학회와 미국경제학회의 회장 및 트루먼 대통령의 수석경제보좌관을 역임하기도 하였다.

21세기에 협동조합이
꼭 필요한 이유?

미래에도 협동조합이 존재해야 하는 이유는

협동조합은 공정을 이념으로 출발하였고 경쟁력을 확보해야만 존립의 의의가 있다. 이는 앞으로도 마찬가지라고 생각된다. 아무리 경쟁이 촉진되고 시장이 완전경쟁에 가까워진다고 하지만 시장의 불완전성은 계속될 것이다. 때문에 미래에도 협동조합의 필요성과 존립 의의는 상존한다.

기존의 협동조합들이 존립 발전함은 물론 육아, 건강, 환경, 인터넷 등과 관련된 협동조합이 많이 생겨날 것이라는 전망도 있다. 문제는 협동조합이 어떻게 경쟁력을 확보하느냐가 관건이다.

미국 농무부는 21세기 농협의 전망에서 21세기 협동조합의 성공전략 구상은 2가지 주제가 중심을 이루고 있다고 했다.

첫째, 협동조합의 구성원에 대한 투자확대가 필요하다는 것이다.

조합원과 이사, 경영진과 자문위원은 21세기의 과제를 해결하기 위해 필요한 교육과 훈련을 받아야 한다는 것이다.

둘째, 실용주의와 수익성에 강조점을 두어야 한다는 것이다.

협동조합은 사업체이며 미래에도 사업에 관한 문제를 해결하고 조합원에게 가치를 제공하는데 초점을 모아야 한다. 그렇지 않으면 '조합원들이 조합을 이용하지 않고 빠져나갈 것이다.' 라고 하고 7가지 사항을 권고하였다. 그 내용은 1.변화의 수용, 2.경쟁력 있는 이사진 확보, 3.자기자본 토대 구축, 4.교육 강화, 5.조직효율화 방안 모색, 6.농정활동 강화, 7.협동조합의 정체성 유지이다.

미래에는 더욱 다양한 영역에서 협동조합 활성화

전 세계적으로 협동조합은 이미 다양한 사업 및 업무 영역에서 활성화되어 있다. 세계 최대 보험회사인 알리안츠, 미국의 통신사 AP통신 등도 모두 협동조합 형태로 운영되는 기업임을 감안할 때 앞으로 생산자 · 소비자 · 근로자 · 농어업 · 주택 · 스포츠 · 예술 등 각 분야에서 협동조합이 보편적인 사업형태로 발전할 수 있게 되었다.

우리나라의 경우에는 협동조합 기본법으로 인하여, 이전까지 경험해 보지 못했던 다양한 영역, 예를 들어 노동, 의료, 실업, 복지, 교육, 주택, 빈곤 등에서 협동조합이 출현할 것이다. 또한 기존의 특별법에 의하지 않고 협동조합 기본법을 이용하는 협동조합의 출현도 예상된다.

예를 들어 농업 협동조합법상 품목별 협동조합의 설립 요건에 해당하지만 농업협동조합이라는 명칭을 사용하지 않고 '○○사과협동조합' 설립이 가능하다. 개인택시 사업자는 중소기업협동조합법에 의하지 않고도 '○○개인택시협동조합'을 만들 수 있다. 그 밖에 '○○마을기업협동조합'을 만들 수도 있다.

또한 다양하고 창의적인 소규모 창업을 용이하게 하여 일자리를 창출함으로써 경제의 활력을 제고할 것이다. 취약 계층을 위한 사회서비스를 활성화함으로써 복지사회와 사회경제에 활력소를 불어넣을 것이라고 기대한다. 청년 창업, 소액 창업 등 신규 창업 활성화를 통한 일자리 제고와 돌봄 노동, 대안학교 등 공공서비스 보완이 가능하며. 캐디, 학습지 교사 등 4대 보험 적용이 제외되는 근로자 등을 사회안전망 내에 편입시키고, 취약계층의 자활사업 기회를 넓혀줌으로써 서민 및 지역경제 활성화, 일자리 창출, 복지지출 감소 등의 사회경제적 효과를 기대하고 있다.

제3장

시행착오를 줄이는 협동조합 설립과 경영 노하우

협동조합 조합원이 되거나 새로운 협동조합을 설립하고 경영하는 것은 과연 어렵기만 한 일일까? 협동조합의 역할과 경영, 구조가 영리기업과 어떻게 다른지를 이해하고 성공적인 협동조합 설립과 경영의 기초를 반드시 알아두자.

협동조합 조합원은
어떤 사람?

조합원은 '올바른 주인' 이어야 한다

협동조합에 있어서 조합원이란 어떤 사람일까?

조합원이라면 가끔 조합에 나와 "내가 이 조합의 주인이야!" 라고 말한 적이 있을 것이다. 맞다. 조합원은 분명 이 조합의 주인이다. 그래서 조합은 주인이 없으면 당연히 존재할 수가 없다.

그러나 어떤 집이건 주인만 있다고 해서 집안이 잘되는 것은 아니다. 주인이 제 역할을 다할 때 비로소 그 집안이 홍하고 잘되는 것처럼 조합도 주인다운 조합원이 보다 많아질 때 바로 서고 더 좋은 모습으로 변화되어갈 것이다.

그렇다면 주인다운 조합원이란 어떤 사람일까?

어느 날 마을 한 가운데의 한 집에서 불이 났다고 생각해보자. 거기에는 그 집 주인과 그 집에 찾아 왔던 손님 그리고 마을의 다른 주민들이 있었다. 이들은 각각 어떤 행동을 하게 될까? 그 집 주인이 진정한 주인이라면 아마도 자기 집에 있던 재산과 인명의 피해를 최소화하기 위해 갖은 노력을 다할 것이다. 손님은 먼저 자기 몸을 피하려 할 것이며 마을 주민들은 방관자적인 입장에서 그 불이 자기 집에 옮겨 붙지 않나 하는 걱정을 하게 될 것이다.

우리는 과연 그 동안 조합에서 이와 같은 주인과 손님 그리고 마을 주민 중 어떤 사람과 같은 모습이었을까?

진정한 주인과 같은 모습이었는지, 아니면 집안 문제를 남의 손에 맡기고 방관자처럼 팔짱만 끼고 구경해 온 것은 아니었는지 한 번쯤 생각해 보아야 할 것이다.

조합원이 외면하는 협동조합은 발전하지 못한다

물론 때로는 조합과 조합 임직원이 여러분들의 기대나 요구를 충족시키지 못할 때도 있지만, 그렇더라도 정말로 주인 된 조합원이라면 조합에 무관심하거나 외면하고 등져서는 안 될 것이다.

정상적인 주인이라면 불만족스러운 원인을 찾아내어 그것을 고치고 바꾸어 보다 많은 사람들이 그 조합을 찾도록 갖은 애를 쓸 것이다.

주인 된 사람이 외면하고 등을 돌린 조합이 어떻게 발전해 나가겠는가? 조합이 고치고 보완해야 할 점이 있으면 그 내용을 건의하거나 의견을 제시해서 반영되도록 하는 것이 바로 주인 된 조합원이 해야 할 일이다. 물론 조합이나 조합 임직원은 조합원을 위해 필요한 일을 먼저 찾아 해결해 주어야 하지만, 조합원이 올바른 주인 역할을 함께 해줄 때 조합은 더욱 협동조합다운 협동조합으로 발전해 나갈 수 있다. 그 속에서 주인 된 조합원은 보다 많은 권리와 혜택을 누릴 수 있게 될 것이다.

알고 있나요?

조합원 자격을 제한하는 이유는?

휴면 조합원은 조합 운영을 왜곡시키는 원인

협동조합은 이용자 소유회사로서 조합원의 동질성을 유지하기 위해 조합원 가입자격을 제한한다.

이는 사업 이용보다는 투자 이익을 추구하는 사람이 조합원으로 참여하게 되면 협동조합의 정체성이 왜곡되고 영리기업처럼 운영될 수 있기 때문이다. 이러한 폐해를 방지하기 위해 조합원 신규가입에 대해 사전심사와 이사회 승인을 거치는 절차가 반드시 필요하다.

사업을 이용하지 않는 조합원을 '휴면 조합원' 이라 한다. 처음에는 협동조합 사업을 이용하였지만 직업변경, 영농은퇴, 거주지 이동 등으로 사업 이용이 어려운 경우에 나타난다. 한국 농협의 경우 농촌의 노령화, 도시화, 전업화 등으로 휴면 조합원이 늘어나고 있다. 이들이 투자자 입장에서 소유권과 통제권을 행사할 경우 협동조합 운영이 왜곡될 수 있다.

한국 농협법은 지역농협의 조합원에 대해 지역농협의 구역 안에 주소나 거소 또는 사업장이 있는 농업인으로 자격을 제한하고 있으며, 농업인의 범위는 별도의 대통령령으로 정하고 있다. 실제로 지역농협 이사회는 신규조합원의 가입을 심사하고 승낙하는 역할을 담당하고 있다. 사업을 이용하지 않는 조합원에 대한 탈퇴 조치는 지역농협의 통회가 결정한다.

한편 국제협동조합연맹은 조합원의 자유로운 가입과 탈퇴의 원칙을 천명하고 있다. 이는 정치적, 종교적, 사회적 이유 등 비경제적 이유를 근거로 조합원 가입을 제한하거나 탈퇴를 강요해서는 안 된다는 뜻이다. 이는 경제적 사업에서 협동조합이 정체성을 명확히 구분하려는 차원의 조합원 가입자격의 제한 제도와 서로 상충되는 것은 아니다.

조합원 자격의 제한은 이용자 조합원의 동질성을 유지하고 공동의 목표를 추구하기 위한 조합원의 공동행동을 촉진하기 위해서도 반드시 필요하다. 이는 구체적으로 이사회가 신규조합원의 가입자격 심사와 승인 등을 엄격하게 진행함으로써 이루어진다. 또한 전체 조합원의 동질성을 유지하기 위해 기존 조합원의 사업이용실적을 기준으로 탈퇴를 권고할 수 있는 것이다.

조합원 가입조건은 협동조합의 유형에 따라 상이하다. 사업량 규모화로 교섭력을 높이고 평균비용을 인하하는 사업전략을 강조하는 협동조합은 조합원 가입이 용이하며, 이는 개방조합원제도라 한다. 부가가치 투자와 차별화 전략을 추구하는 협동조합은 출자의무와 출하협약 이행을 강조하며, 이는 제한조합원제도라고 한다.

무임승차하는 조합원이 생기지 않아야 한다

협동조합은 자체의 이익뿐만 아니라 농업인의 이익까지 고려하는 의사결정을 한다. 그런데 여러 가지 이유로 인해 이러한 의사결정 방식은 자주 어려움에 직면하게 된다. 이러한 어려움 중의 하나가 개별 조합원과 전체 조합원간의 이해상충 문제가 발생하는 경우다.

협동조합에서는 조합원 전체의 이익이 개별 조합원의 이익과 일치하지 않는 경우가 흔히 있다. 예컨대 협동조합이 특정 농산물의 시장가격을 일정 수준으로 유지하기 위해 조합원 전체의 생산을 제한하는 경우가 있다. 이때 일부 조합원들은 자신의 생산을 오히려 늘려 이익을 보고자 하는 경우가 있다. 다른 조합원들이 생산을 제한하고 있는 상황에서, 본인만 생산을 늘리면 개인적인 이익이 늘어나기 때문이다. 이에 따라 농업협동조합의 시장수급조정 노력은 이러한 무임승차자(free-rider problem) 문제로 인해 대개 실패로 귀결되는 경우가 많다. 잘 선별된 우수 농산물을 조합 브랜드로 출하하여 전체 조합원의 이익을 추구하는 공동판매사업에서 일부 조합원의 속박이 행동도 이러한 사례의 하나이다. 일반적으로 협동조합은 조합원이 공동으로 소유하기 때문에 재산권이 명확히 분할되지 않아 무임승차자 문제가 발생한다. 이러한 상황은 조합원의 가입이 자유로운 협동조합에서 자주 발생하게 되는데, 이용자들이 자원을 이용한 만큼 충분한 비용을 지불하거나 이익창출에 기여한 만큼 충분한 대가를 받도록 하는 재산권 제도가 갖추어져 있지 않기 때문에 발생한다. 최근에는 이것을 해결하기 위하여 새로운 조합원의 재산권에 비례하여 제도를 도입하는 경우가 늘고 있다.

조합원은 어떤 **이익이 있을까?**

협동조합은 조합원의 실익을 추구

조합원의 실익은 이용자 편익이다. 이는 동일한 시장서비스를 영리회사보다 저렴한 최선의 가격으로 제공하거나 시장에 존재하지 않지만 조합원이 필요로 하는 서비스를 창출하는 것이다.

협동조합이 영리회사의 시장지배력 행사에 대응하여 조합원 실익의 극대화를 추구하는 핵심역량은 공동행동과 원가경영이다. 이를 위한 제도적 규범이 협동조합 기본 원칙이다. 어떤 실익이 있는지는 다음과 같다.

- 구매협동조합의 경우

: 영리 자재회사보다 저렴한 가격으로 영농자재를 공급하는 사업을 통해 조합원 실익을 극대화한다. 조합원 실익의 크기는 협동조합이 없는 경우에 영리회사가 결정할 수 있는 독과점 가격과 협동조합의 공급가격과의 차액으로 평가된다. 조합원의 이용자 편익은 독과점 영리회사가 협동조합 사업으로 인해 포기하는 초과이윤에서 비롯된다.

- 판매협동조합의 경우

: 영리 유통회사보다 높은 가격으로 조합원의 농축산물을 구매하여 소비자에게 판매하는 사업을 통해 조합원 실익을 실현한다. 조합원의 이용자 편익은 영리회사의 초과이윤 감소분에 근거한다. 편익의 크기는 협동조합의 가격 교섭력 또는 마케팅 역량에 따라 결정되며, 그 원천은 결국 조합원의 공동행동과 경영자의 원가경영에 근거한다.

- 신용협동조합의 경우

: 영리 금융회사에 비해 저렴한 이율로 자금을 대출하는 방식으로 조합원 실익을 추구한다. 이용자 편익의 크기는 협동조합의 경쟁으로 인해 영리회사의 초과 이윤이 얼마만큼 감소하였는가에 따라 결정된다. 여기서 영리회사에 대한 신용협동조합의 경쟁력은 원가경영의 역량과 자금차입 조합원에 대한 정보공유 능력에서 창출된다.

이처럼 협동조합이 창출하는 이용자 편익의 크기는 경쟁관계에 있는 영리회사의 시장지배력의 크기와 협동조합의 시장 견제력의 크기에 따라 결정된다. 따라서 조합원 실익의 극대화를 추구하는 협동조합은 조합원이 직면하는 독과점의 폐해가 큰 사업 분야에 우선적으로 자원을 배분하고 영리화사에 대응하여 경쟁력을 강화하는 선택을 하게 된다.

협동조합의 성과지표인 조합원 실익의 규모를 객관적으로 평가하는 것은 현실적으로 어려운 과제이다. 이는 재무제표상의 지표뿐 만아니라, 경쟁관계에 있는 영리회사의 가격책정 등 시장행동과 연관되기 때문이다. 협동조합 사업의 최종성과는 조합원의 경제적 이익으로 귀결된다. 따라서 협동조합 경영성과와 조합원 경영성과를 통해 통합적으로 평가하는 것이 바람직하다.

편익도 있지만 한계도 있다

협동조합은 조합원과 지역사회, 소비자 등에게 다양한 편익을 제공하지만 한계도 지니고 있다. 예를 들어 어떤 품목의 생산조절이나 가격결정과 같은 기능은 협동조합이 할 수 없다는 것이다.

협동조합은 조합원의 편익을 목적으로 하고, 주식회사는 주주의 이익을 목적으로 한다. 여기서 중요한 것은 협동조합이 조합원에게 줄 수 있는 편익이 무엇이고, 그 한계는 무엇인가 하는 점이다.

농협의 예를 들어 보자. 농협에 대한 비판을 분석해 보면 협동조합의 한계를 잘 이해하지 못하고 농협이 마치 모든 농업문제를 해결할 수 있는 것으로 생각하는 오해에서 비롯된 것이 많다. 가장 대표적인 것이 농축산물의 가격이 폭등하거나 폭락할 때 농협이 생산 조절을 제대로 하지 못해 발생하는 것으로 비판을 하는 것이다. 그러나 생산 조절이나 가격 결정과 같은 것들은 협동조합이 할 수 있는 문제가 아니다. 협동조합은 만능이 아니고 분명한 한계를 갖고 있는 조직이란 점을 미국 농무부는 '협동조합의 편익과 한계' 를 통해 지적하고 있다.

미국 농무부 웹사이트(www.usda.gov)에 실린 '협동조합의 편익과 한계' 를 보면 농협이 농민 조합원과 지역사회, 소비자에게 제공할 수 있는 편익은 아주 다양하고 광범위하다. 하지만 노동에 의존할 수밖에 없는 농업에 종사하는 농민 조합원이 조직한 자발적 조직이라는 점에서 농협이 할 수 있는 일의 한계도 분명하다. 미 농무부가 정리한 협동조합의 편익과 한계를 정리하면 다음과 같다.

〈협동조합의 편익〉

- 농민조합원에 대한 편익

: 협동조합 소유와 민주적 관리, 서비스 개선, 농자재의 안정적 공급, 시장 확대, 법률적 지원, 농가소득 증대, 농자재와 농산물의 품질 향상, 시장경쟁력 촉진, 농가 경영능력 향상, 가족농의 농업경영 유지, 농촌지도자 발굴 육성

- 지역사회에 대한 편익

: 지역사회 소득 증가, 지역사회 발전 기여, 비농민에 대한 재화와 서비스 지원

- 소비자에 대한 편익

: 양질의 농산물 공급, 새로운 제품과 가공법 개발, 다양한 서비스 지원, 생산비와 판매비 절감, 복지 증진

〈협동조합의 한계〉

: 생산 조절, 가격 결정, 시장 지배력, 내부유보 적립, 노동에 의한 영농, 매개자 기능, 가격과 서비스에 대한 영향, 고유 특성에 의한 제한

아하! 그렇구나!

농업인은 몇 개의 협동조합에 가입할 수 있나요?

우리나라 농업인은 몇 개의 협동조합에 가입할 수 있을까?
바다와 산을 끼고 있는 동네의 경우, 농협 4개와 수협, 임협, 신협, 새마을금고 등 모두 합하면 8개가 된다.
여러 개의 협동조합에 가입하고 있는 것이 크게 문제가 되지는 않는다. 하지만 대부분의 경우 협동조합의 여러 사업에 적극적으로 참여하기보다는 대출이나 예금과 관련하여 좋은 이자율을 기대하거나 대출한도를 피하기 위해 가입하는 경우가 많았다.
하지만 이제 모든 금융기관의 전산망이 연결되면서 이런 이점은 사라지고 말았다. 다른 이유로는 출하하는데 도움이 되거나, 각종 보조사업이나 환원사업을

염두에 두면서 유리한 협동조합을 이리저리 왔다 갔다 하는 경우가 있다.
조합원은 기본적으로 출자와 이용을 함께 한다는 점에서 일반기업의 고객과 다르다고 했지만, 이렇게 여러 협동조합 사이에서 조합원에게 이로운 점만 취하려는 것을 '무임승차 문제' 라고 한다. 비용은 최대한 지불하지 않으면서 협동조합의 혜택만 보려고 한다는 뜻이다.

여러 농협에서 혜택만 보려는 것은 장기적으로는 손해

이렇게 여러 농협을 비교하면서 혜택을 보려는 조합원이 많은 이유는 근본적으로 '농협의 구조와 사업을 조합원이 바꿀 수 있다' 는 희망이 크지 않기 때문이다. 어차피 조합이 변하지 않는다면 '나라도 최선의 길을 찾아가자' 는 생각을 하는 것은 당연할 수 있다.
하지만 이렇게 농협조합원이 고객처럼 행동하면 농협은 보이지 않는 비용을 지불하게 되어 경쟁력이 커지지 않게 된다. 장기적으로 전체 조합이 피해를 보게 되고, 결국 대기업에게 이익을 빼앗기게 된다.
품목별로 하나의 농협을 선택해서 이용을 하는 것은 당연하지만 같은 품목을 둘러싸고 지역농협에 낼까, 품목농협에 낼까를 따지는 것은 올바르지 않다. 예금과 대출도 주력 농협에 모으는 것이 바람직하다.
진정한 조합원으로서 우리 농협을 더욱 좋게 변화시킬 수 있는 희망을 가진다면 굳이 복잡하게 같은 품목으로 여러 농협을 방황할 필요가 없다. 조합원이 실질적으로 농협의 의사결정을 주도하는 민주적 운영은 이런 문제에서도 근본적인 해답이 된다.

이거 알아요?

'조합원' vs '고객', 차이점은 무엇?

'고객' 은 의결권이 없다

협동조합은 종종 조합원 자격이 없는 사람에 대해서도 사업 이용을 허용하는 경우가 있다. 의결권이 없는 이용자를 '고객' 이라 하며, 의결권을 갖는 이용자인 '조합원' 과 구별하고 있다. 비조합원의 사업이용은 사업물량 확대를 통해 평균비용을 낮출 수 있다는 점에서 조합원의 이익에 기여한다.
시장 지향적 사업전략을 추진하는 협동조합은 비조합원 사업을 확대하는 경향이 있다. 썬키스트 협동조합의 경우에도 최근 대형 소매유통 회사의 연중 공급체계 요구에 부응하여 글로벌 소싱 전략을 추구하고 있다. 이에 따라 자회사를 설립하여 남아공, 호주, 칠레 등 남반구 지역의 회사들의 전략적 제휴를 체결하여 수입산 과일도 취급하고 있다.
비조합원의 사업 이용에 대해서도 원가경영 방식의 평균비용 가격을 적용할 경우 조합원이 부담하는 자본비용과 리스크 비용 등에 대한 비조합원의 무임승차 문제가 발생할 수 있다. 이를 방지하기 위해 협동조합은 시장가격을 기준으로 사업 서비스를 제공하고, 조합원에 한정하여 사후적으로 이용배당을 실시하는 것이 필요하다.

'소유자=이용자' 원칙을 위반하지 않는 것이 중요

대다수 국가는 법률에 의해 비조합원 사업이용을 일정 범위(50%) 이내로 제한하고 있다. 이는 비조합원의 사업이용 확대가 '소유자=이용자' 원칙을 위반하고 협동조합의 정체성을 왜곡할 수 있기 때문이다. 한국과 일본처럼 경제사업과 신용사업을 겸하는 종합농협의 경우에는 조합원이 아닌 이용자에 대해 준조합원제도를 법률에 규정하고 있다.
이는 주로 신용사업에서 비조합원의 이용범위를 확대하기 위한 제도이며, 종합농협의 지역금융기관으로서 역할을 강화하는 효과를 갖는다. 그러나 이 경우에도 '이용자=소유자' 원칙에 입각하여 비조합원의 무임승차 문제를 해소하는 방안이 중요하며, 구체적으로 이용배당의 실시 등에서 조합원에 한정하는 방안의 실행이 중요한 과제이다.
한편 유럽 지역의 농업분야 신용협동조합들은 당초 농민조합원으로 설립되었으나, 1970년대 이후 조합원 자격 범위를 지역사회 주민으로 확대하여 지역 신용협동조합으로 발전하였다. 프랑스의 끄레디 아그리꼴은 1971년에 조합원 자격을 농업인에서 지역주민으로 확대하였다. 이는 농업인구의 감소에 대응하고 지역밀착형 사업전략을 추구하기 위함이었다.

알고 있나요?

왜 '1인 1표제' 일까?

모든 조합원이 동일한 의결권을 갖기 위한 것

협동조합은 조합원의 의결권 행사에서 1인 1표제 원칙을 준수하고 있다.
이는 출자금 규모에 관계없이 모든 조합원은 이용자의 자격으로 동일한 의결권을 행사함을 의미한다. 이 원칙은 1844년 로치데일 협동조합에서 최초로 도입되었는데, 당시 정치적으로도 보통선거권 제도가 도입되기 이전이라는 점을 감안하면 매우 혁신적인 제도라고 할 수 있다.
협동조합의 1인 1표 원칙은 주로 소비자 협동조합에서 조합원의 신규가입을 촉진하여 사업물량의 규모화를 추구함으로써 영리회사에 대한 가격 경쟁력을 확보하기 위한 제도적 장치로 고안되었다. 아울러 협동조합의 핵심역량이라 할 수 있는 조합원의 공동행동을 추구하기 위해 필요한 민주적 합의를 도출하기 위한 제도로서 현실적 중요성을 갖는다.
협동조합이 이용자 중심의 1인 1표제를 원칙으로 운영되는 것은 영리회사가 투자자 중심의 1주 1표제 방식으로 운영되는 것과 극명하게 대비된다. 이는 협동조합의 소유권이 분산적이며 대주주가 없다는 점과 투자자 이익이 제한되고 이용자 이익이 강조된다는 점에서 합리성을 갖는다. 협동조합의 민주적 지배구조는 사회적으로 우호적 이미지와 정책적 지원의 근거가 된다.

복수의결권과 비례투표제를 채택하기도 한다

현재 세계적으로 대다수 협동조합들의 법률과 정관이 이 원칙을 준수하고 있다. 그러나 1인 1표제는 협동조합의 절대적 원칙은 아니며, 상당수의 협동조합은 이용량에 비례하여 복수의결권을 부여하는 비례투표제를 채택하고 있다. 이처럼 비례투표제를 채택하는 사례는 협동조합 연합회에서는 많이 찾아볼 수 있다. 소비자 협동조합의 경우에는 조합원 별로 사업 이용량의 차이가 적기 때문에 평등원칙이 순조롭게 작동하여 왔다. 그러나 농업분야의 협동조합은 계층분화에 따라 대규모 전업농과 영세 자급농간에는 사업 이용 규모 면에서 큰 격차가 발생하게 되었다. 이에 따라 조합원별로 사업이용량에 비례하여 투표권한을 부여하는 비례투표제가 현실 합리성을 갖는 것으로 평가되고 있다.

실제로 비례투표제를 채택하고 있는 협동조합은 정관에서 복수의결권의 최고한도를 설정하고 있다. 이는 민주적 합의 도출과 조합원의 공동행동을 촉진하기 위해 협동조합의 의사결정은 다수결 방식보다는 합의제 방식이 바람직하다는 것을 보여주는 것이다. 따라서 비례투표제는 엄격한 비례 원칙의 적용보다는 대형 조합원의 이탈을 막기 위한 방안으로 이해할 수 있다.

협동조합 조직 구성, **이것만 알면 쉽다**

협동조합 조직의 구성요소

: 조합원, 총회, 이사회, 경영자, 감사기관

협동조합 조직은 조합원, 총회와 이사회, 그리고 경영자와 감사기관 등으로 구성되어 있다.

조합원은 협동조합의 소유자인 동시에 이용자이며 운영자로서 가장 중요하다. 따라서 조합원들이 올바른 주인의식을 가지고 권리와 의무를 잘 행사하도록 유도하며, 조합 사업에 적극적으로 참여할 수 있도록 하는 것은 조합 발전과 협동조합 운동의 성패와 직결되는 일이라 할 수 있다.

아울러 조합 최고 의결기구인 총회, 대표적인 집행기관의 효율적 운영, 협동조합을 대표하는 경영자, 내부 통제를 담당하는 충실한 역할 수행 등은 협동조합 운영에 있어서 매우 중요한 요소이다.

한편 많은 협동조합들이 조직과 사업을 확대하기 위하여 연합회와 연합사업체 그리고 자회사를 운영하거나 조합 간 합병을 추진하고 있다. 각각의 특징과 장?단점을 잘 파악하여 문제점을 최소화함으로써 협동조합 본연의 기능을 잘 유지할 수 있도록 해야 할 것이다.

이사회의 권한과 책임

: 협동조합 이사는 대주주가 아닌 조합원의 대표

협동조합의 이사회는 조합원이 민주적으로 선출한 대표로 구성되며, 조합원 총회가 위임한 권한의 일부를 경영자에게 위임하고 그 성과를 통제하는 권한을 갖는다. 이사회는 조합원의 대리인으로서 이용자의 실익을 극대화하는 한편, 협동조합의 공동재산에 관한 선량한 관리자로서 권한 행사에 비례한 책임을 지게 된다.

협동조합 이사는 대주주가 아니며 조합원의 대표이기 때문에 개별 이사가 아닌 이사회 전체의 공동의결권 행사를 통해 권한을 행사하며 그 성과에 대해 이사회가 책임을 진다. 이런 점에서 협동조합은 민주적 지배구조 또는 민주적 대표의 공동경영체제를 특징으로 갖는다. 협동조합의 성공은 효율적 경영과 아울러 민주적 합의에 따른 조합원의 공동행동에 의해 결정되기 때문이다.

협동조합 사업이용자의 실익을 추구하기 때문에 이사회는 사업선택과 투자배분, 가격결정과 이익배분, 업적평가와 성과보상 등 경영

전반에 걸쳐 의사결정권을 행사한다. 이처럼 협동조합은 '소유자 = 이용자 = 통제자' 원칙에 입각하여 이사회의 통제권 행사범위가 넓다는 점에서 소유와 경영이 대체로 분리되어 영리회사와 큰 차이점을 갖는다.

이사회는 전문성을 갖춘 경영자를 선임하고, 통제권의 일부를 경영자에게 위임하여 이를 감독하고 평가하는 역할을 수행한다. 일반적으로 협동조합의 이사는 조합원의 대표로서 경영의 전문성이 낮기 때문에 외부 전문가의 경영자문을 받거나 사외이사 제도를 채택하는 방안이 필요하다. 또한 이사에 대한 전문성 교육도 확대되어야 한다.

협동조합 이사회는 경영에 관한 사항과 아울러 조합원의 공동행동에 관해서도 의사 결정권을 행사한다. 여기에는 조합원 가입 및 탈퇴, 공동재산에 관한 관리, 무임승차 조합원에 대한 제재 등이 포함된다. 아울러 이사회는 조합원에 대해 주요 경영문제에 대해 의견수렴, 정보공유와 교육 등 민주적 대표로서 합의 도출과 공동행동의 촉진을 위한 의무를 수행하여야 한다.

이사회가 경영자 통제와 민주적 합의에 관한 책임을 제대로 수행하기 위해 이용자 조합원에 대한 객관적 정보를 확보하고 활용하는 과제가 중요하다. 먼저 조합원의 영농 및 생활, 사업이용과 경쟁회사와의 거래 등에 관한 실태를 주기적으로 조사 분석하는 과제가 필요하다. 이를 토대로 이사회는 사업계획 수립과 경영성과 평가에 관해 합리적인 의사 결정권을 행사할 수 있다.

경영자의 권한과 책임

: 유능한 경영자일수록 조합원의 편익을 높여준다

협동조합의 경영목표는 '원가경영을 통해 조합원에게 최선의 가격으로 서비스를 제공하는 것' 이다.

투자자 이윤을 추구하는 영리회사와 달리 협동조합은 이용자 편익을 추구하는 사업체이기 때문에 협동조합 경영자는 영리회사의 경영자와 구별되는 권한과 책임을 갖는다.

협동조합 경영자의 통제권한은 이사회가 위임한 사항에 한정되며, 그 범위는 일반적으로 영리회사의 경영자에 비해 상대적으로 제한적이다. 이는 협동조합에서 '이용자=통제자' 원칙에 따른 특수성이다.

따라서 경영자는 사업의 평균비용을 인하하는 것이 중요한 목표가 되며, 이를 위해 사업물량의 확대, 원가절감 등 효율성 제고, 새로운 기술의 도입 등을 노력해야 한다. 이를 위해서는 구체적 수단은 조합원의 전속거래, 가격결정, 이용배당 등 조합원과의 협력을 통해 실현해야 한다.

알고 있나요?

도표로 보는 협동조합 설립절차 체크리스트

일반협동조합과 사회적협동조합 모두 5인 이상의 조합원이 모여 시도지사에게 신고 및 설립등기를 하여 설립할 수 있다. 단, 일반협동조합의 경우 시도지사에게 신고, 사회적협동조합의 경우 관계부처의 인가를 받아 설립할 수 있다.

	일반협동조합	사회적협동조합
구분	업종, 분야 제한 없는 일반적인 협동조합(금융, 보험 제외)	공익사업을 40% 이상 수행하는 협동조합
1단계	5인 이상의 발기인을 모집	
2단계	정관(목적, 명칭, 구역, 조합원 의무, 사업 범위 등) 작성	
3단계	5인 이상의 설립동의자 모집	5인 이상이되, 서로 다른 이해관계자 둘 이상 포함
4단계	창립총회 (설립동의자 과반수 출석, 2/3 이상 찬성)	
5단계	시도지사에 설립 신고	관계부처, 중앙부처에 설립 인가
6단계	사무인수인계	
7단계	출자금 납입	
8단계	관할등기소에 설립등기	
9단계	협동조합의 법인격 부여	

▶ 협동조합 설립 FAQ

Q. 누구나 조합원이 될 수 있나요?

A. 조합원은 협동조합의 설립목적에 동의하고 조합원의 의무를 다하는 자로, 자연인뿐만 아니라 모든 형태의 법인도 가능하며, 외국인등록번호가 있는 외국인도 가능합니다.

Q. 협동조합은 어떤 사업을 할 수 있나요?

A. 협동조합은 금융 · 보험업을 제외한 모든 필요한 사업을 자율적으로 정관으로 정할 수 있습니다. 또한, 다른 법인과 동일하게 사업과 관계된 법령을 준수하여야 합니다. 예를 들어 음식점을 협동조합으로 개업하여 직원을 고용할 경우, 식품 위생법과 근로기준법 등의 적용을 받게 됩니다.

▶ 사회적협동조합 주사업 유형

형 태	사업 소개
지역사업형	지역사회의 재생, 지역 경제의 활성화, 지역주민들의 권익 · 복리증진 및 그 밖에 지역사회가 당면한 문제 해결에 기여하는 사업
취약계층 사회서비스 제공형	지역사회의 재생, 지역 경제의 활성화, 지역주민들의 권익 · 복리증진 및 그 밖에 지역사회가 당면한 문제 해결에 기여하는 사업
취약계층 고용형	취약계층에게 일자리를 제공하는 사업
위탁사업형	국가 · 지방자치단체로부터 위탁받은 사업
기타 공익증진형	그 밖에 공익증진에 기여하는 사업

알고 있나요?

협동조합 설립 시 정관에 들어가야 할 14개 필수항목은?

협동조합 기본법 제16조에 따라 협동조합 정관에는 필수기재사항 14개가 포함되어 있어야 한다. 14개 조항은 다음과 같다.

1. 목적
2. 명칭 및 주된 사무소 소재지
3. 조합원 및 대리인의 자격
4. 조합원의 가입, 탈퇴 및 제명에 관한 사항
5. 출자 1좌의 금액과 납입 방법 및 시기, 조합원의 출자좌수 한도
6. 조합원의 권리와 의무에 관한 사항
7. 잉여금과 손실금의 처리에 관한 사항
8. 적립금의 적립방법 및 사용에 관한 사항
9. 사업의 범위 및 회계에 관한 사항
10. 기관 및 임원에 관한 사항
11. 공고의 방법에 관한 사항
12. 해산에 관한 사항
13. 출자금의 양도에 관한 사항
14. 그 밖에 총회, 이사회의 운영 등에 필요한 사항

협동조합 경영,
이것이 다르다

협동조합 정체성에 맞는 경영이란?

경영이라면 기업 경영만을 생각하는 경우가 있지만, 영리 추구 기업이든 비영리 조직이든 경영은 필요하다. 기업 경영은 물론이고 정부 경영, 군대 경영, 교회 경영, 병원 경영 등 조직 특성에 적합한 경영이 필요하다.

협동조합은 협동조합 정체성에 맞는 경영이 필요하다. 협동조합은 결사체와 사업체가 통합된 이원적 성격을 가지고 있기 때문에, 결사체와 사업체가 통합된 협동조합 전체 조직을 대상으로 하는 경영이 요구된다. 그렇다면 협동조합 경영은 기업 경영과 어떻게 다를까?

첫째, 협동조합 경영은 협동조합적으로 접근해야 한다.

협동조합의 핵심적 정체성, 가치, 원칙에 입각하여 접근해야 한다. 물론 환경의 변화에 따라 가치와 원칙은 바뀔 수 있으므로, 협동조합의 강점은 강화시키고 약점은 보완하는 노력이 필요하다.

둘째, 협동조합 경영의 의사결정은 기업 경영의 의사결정과 기법은 같지만 과정과 결과는 다를 수 있다. 의사결정에 있어 협동조합과 기업이 다른 이유는 다음과 같다.

① 협동조합 : 조합원의 편익 증대 ↔ 기업 : 주주의 이익 증대

기업의 경우엔 이익만 많이 내면 주주의 이익이 증대될 수 있지만, 협동조합의 편익은 더 복잡하다. 판매사업의 경우 조합원이 농산물의 가격을 잘 받아야 하는 동시에 협동조합은 필요한 비용을 조달하고 수지를 맞춰야 지속적으로 발전이 가능하다. 조합원 농가는 그들이 투자한 출자금에 대한 배당을 많이 받는 것보다는 필요한 서비스를 받고 농가 소득을 높이기 위해 협동조합을 조직하기 때문이다.

② 협동조합 : 1인 1표 ↔ 기업 : 보유 주식 수에 비례

의결기관과 투표 룰이 다르다. 협동조합에서는 조합원의 참여가 성공의 관건이기 때문에 조합원으로 구성되는 총회와 이사회에 권한을 많이 남겨둔다. 그러나 기업에서는 경영진에 권한을 많이 위양하고 있다. 의결도 협동조합은 1인 1표이지만, 기업은 보유 주식 수에 비례하여 의결권을 행사한다.

③ 협동조합 : '방어적' 이유로 설립 ↔ 기업: '공격적' 인 이유로 설립

셋째, 협동조합 경영에는 '조합원, 이사회, 경영진, 직원' 의 4대 집단이 중요하다.

이들 4대 집단이 각자의 역할을 다해야 하며 이들 간의 커뮤니케이션이 매우 중요하다. 따라서 조합원, 이사회, 경영진, 직원에 대한 의사소통, 정보제공, 교육이 절실히 요구된다.

협동조합에 특화된 전문경영자의 역량이 중요

협동조합에는 협동조합 정체성에 맞는 경영를 할 전문경영자가 필요하다.

협동조합 경영자는 원가경영의 원칙에 입각하여 세부 사업별로 평균비용과 평균수익을 산출하는 관리회계를 운영하고 적정 가격을 이사회에 보고해야 한다. 적자경영이 불가피한 경우에는 다른 사업의 수익으로 보전하는 교차보조의 내역을 투명하게 공개하고, 적자해소의 근본적 대책으로 연합회 수준의 사업통합 등 경쟁력 제고 방안을 마련하여 이사회에 보고하는 것이 필요하다.

협동조합의 경영 성과는 조합원의 이용 편익을 기준으로 평가되며, 협동조합의 재무적 성과는 부차적이다. 따라서 경영자는 재무적 성과와 함께 이용자 관점의 경영 성과를 이사회에 보고해야 한다. 그러나 이는 주로 영리 회사에 대한 시장견제 역할에 따른 편익이므로 객관적 입증이 어렵다. 따라서 경쟁회사와 시장가격에 대한 정보파악에 노력하는 자세가 중요하다.

협동조합의 경영 성과 : 재무 성과 < 조합원의 편익

경영 성과의 객관적 평가가 어렵다는 사정은 협동조합에서 경영자에 대한 합리적 보상과 인센티브를 부여를 어렵게 하는 요인이 된다. 이는 영리회사의 경영자가 자본시장에서 평가되는 주주 가치를 경영목표로 추구하는 것과 뚜렷하게 대비된다. 또한 원가경영의 관점에서 경영자에 대한 보상이 제한되는 점도 협동조합이 유능한 경영자를 확보하는 것을 어렵게 하는 요인이 된다.

협동조합 이론가들은 유능한 경영자의 자질로 이용자 조합원과의 정보공유 및 의사소통의 중요성을 강조하고 있다. 이는 조합원이 주요 고객이며, 이용자 편익이 경영목표와 평가기준이 되기 때문이다. 이러한 사정으로 인해 영리회사 출신의 유능한 전문 경영자가 협동조합에서는 제 성과를 못내는 경우가 많으며, 협동조합에 특화된 전문경영자의 육성이 강조되고 있다.

아하! 그렇구나!

협동조합은 왜 '원가경영전략' 일까?

원가경영전략이란?

→ 협동조합은 이용자 조합원에게 최선의 가격으로 서비스를 제공하기 위해 평균 비용을 기준으로 가격을 결정한다. 이것을 '원가경영전략' 이라고 하는데, 이는 평균 비용보다 높은 수준으로 가격을 결정하여 초과 이윤을 확보하는 영리회사의 수익경영전략과 대비되는 개념이다. 또 적자경영과도 대비된다.

예컨대 구매협동조합의 원가경영은 영농자재 매입 가격에 취급수수료를 더한 가격으로 조합원에게 영농자재를 공급한다. 취급수수료를 최대한 인하하는 노력은 원가경영을 강화하는 전략이며, 그 성과는 조합원의 이용자 편익으로 귀속된다. 판매협동조합의 원가경영도 농산물 판매가격에서 취급수수료를 차감한 가격을 조합원에게 지급하는 방식이다.

적자경영이 협동조합 원칙에 어긋나는 이유는?

→ 이용자 편익을 위한 과도한 원가경영으로 적자사업을 영위하는 것은 공정한 시장경쟁을 저해한다. 또한 사업간 교차보조로 적자를 보전하는 방안은 수익사업의 경쟁력과 이용자 편익을 훼손한다.

적자경영 사업은 운영의 효율화로 비용을 절감하거나 연합회로의 이관 등을 통해 근본적으로 해소하는 것이 바람직하다.

원가경영전략을 위해서는 어떻게 해야 하나?

→ 조합원에게 유리한 가격을 제공하기 위해 협동조합은 자재 매입가격을 최대한 낮추고 농산물 판매가격을 최대한 높여야 한다.

이를 위해 협동조합은 조합원의 공동 행동과 연합회 운영을 통해 시장 교섭력을 높이는 전략을 추구한다. 협동조합이 출자 배당을 제한하고 무원가성 공동자본을 활용하여 자본비용을 낮추는 원칙은 원가경영을 실현하기 위한 수단으로 볼 수 있다.

원가경영전략의 장점은 무엇일까?

→ 협동조합의 원가경영전략이 성공적으로 추진될 경우 경쟁관계의 영리회사에게는 위협적 수단이 되며, 자신의 서비스 가격을 불가피하게 인하하게 된다.

이는 영리회사의 시장지배력을 감소시키고 조합원에게 실익을 제공하게 된다.

따라서 협동조합의 사업 성과는 재무적 성과보다는 영리회사의 협동조합에 대한 적대적 태도와 대응 행동을 기준으로 평가하는 것이 합리적이다.

협동조합은 일반 소비자에게 이익을 제공하여 사회적 후생을 증가시키는데, 이것이 '협동조합의 경쟁촉진 역할'이다. 이는 협동조합에 대한 지원의 이론적 근거가 된다.

경쟁회사들은 조합원의 공동 행동을 담합 행위로 규정하고 독점 규제에 관한 법률소송을 제기하는 사례가 있는데, 미국과 일본 등은 농협에 대해 독점규제법 적용을 면제하는 입법을 제도화하고 있다.

이거 알아요?

'이용배당제도' 란?

'이용배당제도' 는 '원가경영방식' 을 실현하는 수단

협동조합이 '이용자=수익자' 원칙에 입각하여 조합원에게 이용 실적에 비례하여 이익을 배분하는 구체적 방안은 다음 2가지이다.

1. **원가경영방식** : 조합원에게 최선의 가격으로 서비스를 제공하는 방식
2. **이용배당방식** : 서비스 가격은 시장 가격 수준으로 결정하고 사후적으로 이익금을 이용 실적에 따라 조합원에게 배당하는 방식

협동조합이 원가경영방식으로 서비스 가격을 결정할 경우, 이론적으로는 이익금이 발생하지 않는다. 실제로는 비용의 사전적 예측이 정확하지 않거나 또는 비조합원 사업 이용이 많은 사업에서 시장평균 가격을 기준으로 가격을 책정하는 경우에 사후적으로 이익금이 발생할 수 있다. 따라서 이용배당은 원가경영 정책을 사후적으로 실현하는 수단이다.

이용배당금은 어떻게 지급할까?

→ 협동조합의 이용배당금은 개별 조합원에게 현금을 지급하는 것이 원칙이다.

실제로는 이용배당금의 현금 지급을 일정기간 유보하여 협동조합의 자본금으로 활용하는 것이 일반적 관행이다. 비조합원은 이용배당의 대상이 아니며, 비조합원 사업 이용에 따른 이익금은 공동 자본금으로 적립하는 것이 일반적 원칙이자 합리적 관행이다.

이용배당제도에서 중요한 것은?

→ 이용배당은 이용한 양에 비례해 배당을 하는 것, 즉 이용 실적에 비례한 이익배분 원칙의 실현을 위한 효과적 수단이다.

이를 실행하기 위해서는 세부사업별 원가계산을 토대로 한 관리회계 시스템이 뒷받침되어야 한다. 경영자는 사업별 경영내역을 이사회와 조합원에게 투명하게 공개하여 개별 사업간 교차보조 및 조합원 상호간 무임승차 문제를 배제하고 민주적 합의를 도출해야 한다.

이용배당제도는 환원사업과 어떻게 다를까?

→ 이용배당은 사업이익금을 이용자의 이용 실적에 비례하여 배분하는 것이다. 반면 환원사업은 이용 실적과 관계없이 조합원 또는 비조합원에게 현금으로 이익을 배분하는 것이다. 이는 이익금의 내부유보재원을 소비하고 원가경영을 저해하기 때문에 이사회의 엄격한 통제가 필요하다. 환원사업은 출자배당이 제한되는 협동조합에서 조합원의 투자자 이익을 확대하는 방법으로 활용된다. 이는 비조합원에 대해 이익을 배분하는 편법으로 활용된다.

그러나 조합원의 실익을 제고하고 지역사회에 공헌하기 위해서는 이익금을 사후에 배분하는 것이 아니라 원가경영 사업을 통해 최선의 가격을 실현하고 시장경쟁을 촉진해야 한다. 이것이 협동조합의 보편적 원칙이다.

아하! 그렇구나!

협동조합이 '제3의 섹터'인 이유는 무엇?

정부, 기업과 구분되는 협동조합만의 역할이 있기 때문

사회는 개인을 비롯한 수많은 조직체로 구성되며, 협동조합도 이러한 조직체 가운데 하나이다. 협동조합 섹터란 협동조합이 수행하는 경제적 · 사회적 기능을 통해 국민경제에서 차지하고 있는 고유의 영역을 의미한다.

협동조합은 정부와 기업에 속하지 않는 제3섹터(협동조합 · 공제조직 · 비영리 조직 등)의 일원이자 구심체로서 자발적이고 민주적으로 사회 공익에 기여한다. 정부 · 기업과 함께 국민경제를 형성하는 하나의 중심축으로서 협동조합의 역할과 위상을 인정받는 근거가 된다는 점에서 현실적으로 중요한 의미가 있다. 정책사업을 대행한다는 점에서는 정부 섹터에, 사업체로서 시장에서 활동한다는 점에서는 기업 섹터에 속하는 것으로 볼 수 있다. 그러나 정부 섹터는 계획 메커니즘에 의해, 기업 섹터는 시장 메커니즘에 의해 운영되는 데 반해 협동조합 섹터는 협의 메커니즘으로 운영된다는 점에서 본질적인 차이가 있다.

언제부터 생긴 개념일까?

협동조합 섹터의 개념은 1937년 협동조합 운동가인 포케가 '공상적 협동주의'

를 비판하면서 처음으로 제기한 것으로 이후 시대 상황에 따라 발전되어 왔다. 국제협동조합연맹(ICA)은 1966년 '협동조합 간 협동'을 협동조합 원칙으로 채택, 협동조합 섹터의 역할과 위상을 강조했다. 이어 1980년 ICA 보고서에서 레이들로가 '협동조합 지역사회 건설'을 제기해 협동조합 섹터를 공론화한 데 이어, 1995년 ICA 협동조합원칙에 '지역사회에 대한 기여'를 포함하면서 협동조합 섹터의 공익적 역할이 구체화됐다.

정부나 기업이 할 수 없는 역할을 수행

자본주의의 고도화와 경제의 글로벌화는 국경을 초월한 경쟁과 환경 파괴, 인간성 상실, 빈부격차 등의 문제를 심화시키고 있다. 그러나 이러한 문제를 정부와 기업의 힘만으로 해결하기에는 한계가 있다.

그래서 최근 비영리조직(NPO)·비정부조직(NGO)과 같은 시민·사회단체가 정부나 기업섹터와 다른 제3섹터를 형성하고 활발한 활동을 벌이고 있다. 제3섹터의 일원인 협동조합은 조합원의 수나 사업의 규모로 볼 때 제3섹터의 구심체 역할을 하고 있다.

유럽연합(EU)에서는 제3섹터를 사회적 경제(Social Economy)로 부르고 있다. 사회적 경제 조직은 유럽통합 과정에서 발생한 사회적인 갈등, 특히 실업문제 해소에 매우 중요한 역할을 수행하였다. EU는 이러한 사회적 경제 조직이 발전할 수 있도록 1989년 '사회적 경제국'을 설치하고 정보 제공 및 재정 지원을 하고 있다.

협동조합 지식 UP!

협동조합에 대한 국가정책 5유형이란?

협동조합의 조직과 운영은 국가적 특수성을 갖는다. 이는 개별 국가에 따라 협동조합에 관한 법률제도가 서로 다르기 때문이다. 특히 정치적 민주주의 발전단계는 협동조합 운동의 국가적 특수성과 역사적 단계성을 규정하는 요소이다. 또한 시장구조 및 경쟁법 체계의 국가별 차이점은 협동조합 운동의 국가적 다양성을 초래하는 요인이 된다. 호이트(Hoyt, 1989)는 협동조합에 대한 국가 정책의 유형을 5개로 구분하여 제시하였다.

1단계 : 파괴정책

정부가 협동조합을 억압하고 불법화하는 태도. 민주주의를 제한하고 시장경제를 통제하는 독재정권은 협동조합의 민주적 운영과 경쟁과 사업방식을 용인하지 않는다.

(예 : 과거 이탈리아의 파시즘 정권)

2단계 : 중립정책

협동조합을 일반 기업과 동일하게 대우하는 자유방임형 정책. 서구 국가의 일반적 사례이다.

3단계 : 지원정책

협동조합 발전을 위해 특별법을 제정하고 교육, 연구, 기술적 지원을 제공. 협동조합이 경제적 복지와 민주주의에 기여한다는 평가에 근거한다.

(예 : 미국 정부의 경우 1922년 협동조합에 대해 독점금지법의 적용을 면제하는 특별법(Capper-Volstead Act)을 제정하고, 협동조합에 대한 연구 및 교육 사업을 적극적으로 실시하고 있다.)

4단계 : 참여정책

정부가 협동조합의 조직 설립, 자본 제공, 경영 참여 등을 통해 직접적으로 관여하는 경우. 개발도상국 협동조합에서 흔히 발견된다.

5단계 : 통제정책

정부가 정책수단으로 협동조합을 이용. 사회주의 국가와 개발도상국에서 협동조합이 농촌개발정책을 수행하는 국가통제기구로 전락하는 사례가 많다.

국가의 정치적 변화가 협동조합에 미치는 영향이 큰 대표적 사례가 칠레이다. 1950년대까지 칠레 정부는 협동조합에 대해 중립정책(2단계)을 취하였으나, 1960년대 초 진보 성향의 정권에서 참여정책(4단계)으로 전환되었다. 1970년 사회주의 성향의 아옌데 정부는 강력한 통제정책(5단계)을 시행하였고, 1973년에 쿠데타로 집권한 피노체트 정권은 파괴정책(1단계)을 실시하였다.

새 시대의 새로운 협동조합 **'신세대 협동조합'**

조합원의 실익을 증대하는 새로운 형태의 협동조합

신세대 협동조합은 1990년대 초 미국 노스다코다와 미네소타 지역에 가공사업을 중심으로 50여 개 농협이 새롭게 등장하면서 시작되었다. 이들은 산물 출하를 주로 하는 기존의 지방 판매농협과는 달리 포장·가공 등의 새로운 부가가치창출을 통해 조합원의 실익을 증대하고자 하는 새로운 형태의 협동조합이다. 그래서 신세대 협동조합을 부가가치창출형 협동조합이라고도 한다. 이는 공동판매만을 목적으로 하지 않고 가공사업에 적극적으로 참여하여 부가가치를 창출하여 조합원에게 분배하고자 하기 때문이다.

신세대 협동조합의 특징은? : 출하권 발행+엄격한 계약관계

주로 틈새시장을 대상으로 차별화된 농산물을 공급하고 있는 신세대 협동조합의 특징은 다음과 같다.

첫째, 출하권을 발행하여 높은 자기자본을 확보한다.

협동조합을 결성할 때 높은 자기자본을 확보하고 있는데 이는 출하권 발행을 통하여 출자금을 모집하고 있기 때문이다.

출자금은 농가가 출하할 수 있는 물량을 규정하고 있으며 출자하지 않는 농가는 조합 사업을 이용할 수 없다. 출하권의 존재로 신세대 협동조합은 전통적인 협동조합보다 조합원으로부터 충분한 자기자본을 조달하여 경영 안정을 추구하고 있다.

신세대 협동조합은 30~50%의 자기자본 비율을 유지하여 전통적 협동조합보다 낮은 부채비율을 유지하며, 그 결과 은행으로부터 낮은 금리로 자금 차입이 가능하여 금융비용이 축소된다. 또한 사업으로 연계된 기업이나 지역이 공공기관으로부터 우선주 발행을 받아 자본조달을 확대하고 있다.

또한 사업초기에 투자금액과 사업물량을 계획하고 출하권의 초기가격을 결정한다. 사업물량은 조합원에게 가장 이익이 되는 효율적인 수준에서 결정되는데, 그에 따른 투자금액 및 출하물량과 출하권의 초기가격이 결정된다.

따라서 조합원의 출자비율과 이용비율이 언제나 같아지는 효과를 얻는다. 이 출하권은 이사회의 승인을 받은 조건으로 거래가 가능하므로 이후의 출하권 가격은 협동조합의 수익성에 따라 결정된다. 협동조합 사업이 미래에도 높은 수익을 제공할 것이라고 기대되면 출하권 가격이 상승하고, 농업을 그만두거나 협동조합 사업이 이익을 제공하지 못한다고 판단하는 조합원은 출하권을 양도함으로써 손실 없이 협동조합에서 탈퇴할 수 있다.

둘째, 출하권을 통하여 협동조합과 조합원 간의 엄격한 계약관계를 형성한다.

조합원은 출하권이 규정하고 있는 원료농산물 양을 출하하여야 하는 의무를 가지는 한편 협동조합에 출하할 수 있는 권리도 갖는 쌍방 계약관계를 형성하고 있다. 여기에는 물량뿐만 아니라 품질에 대한 것까지 포함된다.

조합원이 출하 의무를 이행하지 못할 경우 협동조합은 그만큼의 농산물을 다른 시장에서 구입하고 이에 소요되는 비용을 해당 조합원에게 부과함으로써 계약관계를 이행시킨다. 다만 작물 실패 등의 사건이 발생할 경우에는 예외로 하고 있다.

혹자는 기존의 캘리포니아 유통협동조합에서도 계약을 중요시 여기고 있어 새로운 특징이 아니라는 주장도 있지만, 계약 물량이 고정되어 있다는 것이 신세대 협동조합의 다른 점이다. 이를 통해 언제나 안정적이고 효율적인 가동 수준을 유지할 수 있다.

신세대 협동조합은 '폐쇄형 조합원주의'를 형성하고 있지만, 조합원의 출하 물량이 고정되어 있다는 측면에서 전통적 협동조합보다 더 엄격한 형태이다.

운영원칙상의 특징은?

1. 자본 독점을 방지하기 위해 1인의 주식보유 한도를 설정하고 있다.
2. 민주적 관리를 위해 1인 1표주의를 채택하여 선거를 통해 이사회를 구성한다.
3. 경영 성과가 전통적 협동조합보다 우월하다.

전통적 협동조합은 이용고 배당 원칙을 적용하고 있어 조합원의 이익을 극대화하지 못한 수준에서 균형이 이루어지는 반면, 신세대 협동조합은 출하권의 도입으로 조합원의 출자 비율과 사업이용 비율을 일치시키고 있어 출자 배당과 이용고 배당 간의 갈등 문제를 해결하고 있다. 또한 어떤 배당을 선택하더라도 다른 배당 기준에서의 조합원간 이익이 변하는 것이 아니며, 출하권에 의해 사업 규모가 결정되기 때문에 모든 조합원에게 동일한 선형 가격을 제시하면서도 농가와 협동조합이 수직적 결합 관계를 형성하는 형태로 사업 규모를 선택할 수 있다. 그래서 전통적 조합원주의보다 우월한 경영 성과를 나타낸다.

전통적 협동조합과 어떻게 다를까?

조합원의 무임승차 문제 해결

→ 전통적 협동조합에서 가장 취약한 문제는 자기자본이 어렵다는 것이다. 이는 협동조합이 설정한 이용고 배당 원칙으로 인해 무임승차 문제(조합원이 출자는 하지 않고 사업 이용만 하여 협동조합이 제공하는 이익을 획득하려는 것)나 기간불일치 문제(조합원이 협동조합을 이용하는 기간과 발생 기간이 일치하지 않아 발생하는 문제)가 발생하고 이로 인해 조합원은 출자와 장기투자를 기피하기 때문이다. 전통적 협동조합은 이러한 문제를 해결하기 위하여 이익금의 일부를 유보하는 방식을 선택하지만, 이는 언젠가 조합원에게 귀속되어야 하므로 부채의 형식이고 궁극적으로는 자본금의 감소로 이어진다.

반면 신세대 협동조합은 출하권으로 사업 이용과 자본출자 비율을 일치시켜 이용 정도에 따라 투자비용을 부담하게 하여 무임승차의 문제를 해결한다. 또한 출하권의 거래를 허용하여 기간불일치의 문제를 해결한다. 협동조합이 장기투자를 통해 미래의 수익성을 제고하면 출하권의 거래 가격이 상승하며, 이용기간이 단기인 조합원은 장기 투자비용을 부담하면서도 그 이익을 출하권 가격 상승으로 회수할 수 있다. 따라서 이러한 투자를 기피할 유인이 없으면서도 사업 이용에 의해 이익을 배분하기 때문에 협동조합의 원칙을 고수할 수 있다.

출하권 계약으로 기회주의 문제 해결

→ 전통적 협동조합에서는 조합원이 농산물을 출하하면 협동조합이 모두 받아서 판매한다는 정책을 기본으로 하고 있어, 조합원의 기회주의적 행동이 심각

한 문제로 대두되었다. 특히 가격과 품질 변동이 심할 경우 문제가 심화되었다. 반면 신세대 협동조합은 출하권을 통한 계약으로 이러한 문제를 해결하고자 하였다. 전통적 협동조합도 출하계약을 활용하고 있지만, 신세대 협동조합의 출하권은 단순한 출하계약 이상의 역할을 수행하고 있다. 전통적 협동조합에서는 가공사업과 같이 장기간 판매와 시장개발을 위한 투자를 필요로 하는 분야에서 공동계산제가 활용되기 어려운 반면, 신세대협동조합에서의 출하권 계약은 이러한 문제도 해결하고 있다.

경영 성과에 효율적

→ 신세대 협동조합은 조합원의 농산물 생산 정보를 잘 전달하여 조합원의 경영 성과 평가를 용이하게 해준다. 특히 출하권 거래 허용에 따른 가격 변동을 평가에 반영하여, 개별 조합원이 복잡한 재무 분석을 하지 않고도 경영 성과 평가를 할 수 있다. 경영 성과가 낮아 출하권의 가격이 하락하면 조합 경영자에게 압력이 되고 출하권을 양도함으로써 경영 책임을 부과할 수 있다. 그만큼 조합원의 지배구조가 강화되는 효과가 있다.

'비례모형 협동조합' 의 대표적 사례

'비례모형 협동조합' 은 비례 원칙을 강화하여 조합원의 사업이용량에 비례하는 금액을 의무적으로 출자하는 제도이다. 이는 협동조합의 '이용자=소유자' 원칙에 입각하여 자본금 부족 문제를 해결할 수 있게 하고, '이용자=수익자' 원칙도 관철시킬 수 있게 한다. 비례 모형 협동조합은 1953년 필립스 등 이론가들에 의해 정립되었고, 미국의 신세대 협동조합에서 성공적으로 실현되었다. 신세대 협동조합은 농축산물의 부가가치 가공 분야에 진출, 막대한 설비투자의 재원을 조달하기 위해 독자적인 소유권 제도를 고안하였다.

신세대 협동조합에서는 조합원의 자격을 제한하고, 출하 물량에 비례한 출자 의무와 의결권을 부여하고 출자증권을 의무적으로 매입하게 했다. 이로써 조합원에게 출자금의 투자 수익성과 시장 유동성을 보장하고, 휴면 조합원의 발생을 원천적으로 봉쇄하여 재산권 문제를 해소했다. 또한 물량과 품질에 관한 출하 협약의 엄격한 이행을 제도적으로 강제하여 구조 문제를 해소했다.

이처럼 이용자 편익 중심의 운영을 제도화했다는 점에서 가장 이상적인 협동조합 모형이자 글로벌 시장경제에 대응하기 위한 실행 모델로서 미국과 유럽에 확산되고 있다.

협동조합 지식 UP!

협동조합의 바람직한 통제권, 수익권, 소유권이란?

통제권 제도

통제권이란 특정 자산의 소유자가 그 자산을 어떤 용도에 어떤 방식으로 사용하여 소유권자로서 수익을 향유할 것인가에 대한 의사 결정권을 의미한다.

협동조합은 '이용자 소유 회사'로, 이용자의 이익을 담보하기 위해 독특한 통제권 제도를 갖는다. 조합원이 통제권을 행사하는 방법은 일반적으로 1인 1표제로 표현되는 민주적 운영방식이다. 이는 출자금 규모에 관계없이 모든 조합원이 동일한 의결권을 행사한다는 뜻이다. 이는 영리 회사의 1주 1표제와 근본적으로 구별되는 제도로, 투자자 이익보다 이용자 이익을 강조하는 협동조합 본연의 목적 실현을 위해 고안된 제도이다.

조합원은 민주적 대표로 구성된 이사회를 통해 사업 선택과 투자 배분, 가격 결정과 이익 배분, 조합원 가입심사 등 광범위한 문제에 걸쳐 경영자에 대한 통제권을 행사한다. 이는 투자자가 경영의 세부 내용을 경영자에 위임하고 재무 성과를 기준으로 평가하는 영리회사의 방식과 대비된다.

1인 1표제가 아닌 비례투표제를 택하는 이유는?

→ 조합원의 1인 1표제는 협동조합 법률과 정관에 명시되고 오랜 관행으로 정착되어 왔지만, 이는 조합원 동질성이 보장되는 경우에만 유효한 원리이다. 협동조합의 민주적 운영원칙은 의결권이 자본출자와 연계되지 않는다는 뜻이기 때문에 반드시 1인 1표제를 의미하지 않는다. 조합원 분화와 글로벌 경쟁에 대응한 협동조합의 경쟁력 제고를 위해서는 비례투표제로의 전환이 필요하다.

따라서 '이용자=통제자' 원칙을 실현할 수 있도록 개별조합원의 이용 실적에 비례하여 의결권을 차등적으로 행사하는 비례투표제가 바람직한 통제권 제도라 할 수 있다. 이를 통해 휴면 조합원의 무임승차 문제를 해소하고 정예 조합원의 전속 거래와 자본출자를 촉진하는 효과가 있다. 이용자 편익을 추구하는 협동조합의 정체성을 강화한다.

대표적 사례는?

→ 최근 선진국에서는 협동조합 구조개혁 차원에서 관련 법제의 개편과 유연한 실행이 추진되고 있다. 미국 농협의 약 7%, 그리고 유럽의 독일, 프랑스, 네덜란드 등 많은 국가에서 비례투표제를 실행 혹은 허용한다.

대표적 사례는 네덜란드 그리너리 농협으로, 출하 규모에 비례하여 지역별 대의원 수를 배분하고, 대의원회에서 선출된 이사회는 협동조합 운영에서 이용자 중심의 통제권을 행사한다.

해결해야 할 과제는?

→ 바람직한 통제권 제도를 확립하려면 이사회의 기능을 강화해야 한다.

협동조합의 대형화와 전문화에 따라 경영자의 통제권이 확대되고 있으며, 이사회의 전문성 부족으로 대리인 문제가 심화되고 있다. 따라서 이사회는 경영 성과를 객관적으로 평가하는 전문성을 키우고, 조합원의 무임승차 배제를 위한 제재 방안을 개발해야 한다.

신세대 협동조합의 경우 출자 증권의 거래를 부분적으로 허용하는 방식을 채용하여 협동조합의 대리인 문제를 해소하고 있다. 출하권과 연계한 출자증권의 거래 허용과 증권의 거래가격 형성은 협동조합의 경영 성과를 이용자 편익의 관점에서 객관적으로 평가하게 한다.

수익권 제도

협동조합은 '이용자 = 수익자 원칙' 에 의해 이용자 편익을 추구한다. 이는 투자자 이윤을 추구하는 영리회사와 구별되는 점이다.

구체적으로는 원가경영 가격정책과 이용자 중심의 배당정책 등이 있으며, 투자자 이윤(출자배당, 주가상승 등)을 제한하고, 이용자의 편익(가격결정, 이용배당 등)을 강조하는 협동조합 본연의 목적을 실현하기 위한 것이다.

협동조합의 원가경영은 사업의 평균 비용을 기준으로 서비스 가격을 결정하여 초과 이윤이 발생하지 않는 방식이다. 이는 이윤의 극대화를 추구하는 영리회사와 대비되는 전략이다. 원가경영 정책은 조합원에게 최선의 가격으로 시장 서비스를 제공한다는 점에서 이용자 이익을 극대화할 수 있다. 또한 원가경영 전략은 영리 기업의 초과 이윤 추구와 독과점 가격 횡포를 견제하여 시장경쟁을 촉진한다.

협동조합의 이러한 사회적 역할의 이익은 비조합원에게 무상으로 제공되며, 이러한 점에서 협동조합 사업은 공익적 효과를 갖는다. 이로 인해 협동조합에 대한 우호적 분위기를 조성할 수 있다.

'비례 모형 협동조합' 이 적합한 이유는?

→ 협동조합의 바람직한 수익권 제도는 조합원 분화에 따른 재산권 문제를 해소할 수 있어야 한다. 이는 투자자 이익 중심의 수익경영체제를 탈피하고 이용자 편익 중심의 원가경영체제로 전환하기 위함이다. 또한 글로벌 경쟁에 따른 협동조합의 구조 문제를 해소하고 이용자 중심의 체제를 구축하기 위해 차별화된 사업전략을 추진해야 하는데, '비례 모형 협동조합' 은 이용 규모에 비례한 출자 의무를 강화하여 부가가치 투자의 재원을 확보할 수 있게 하고, 비례투표제를 통해 무임승차를 방지하는 데 적합하다.

해결해야 할 과제는?

→ 협동조합은 투자자 이윤의 희생을 전제로 이용자 편익을 추구하는 구조로 설계된 조직이다. 따라서 투자자 이익과 이용자 이익 상호 간의 갈등 관계를 조정하는 것이 과제다. 이를 위해 이사회는 투자자 이윤을 기대하는 신규 조합원의 가입을 제한해야 하고, 사업 이용보다 출자 배당 확대와 공동자본 분할에 관심이 많은 원로 조합원에 대한 교육과 통제를 강화해야 한다.

협동조합은 일반적으로 주식시장에 상장하지 않는다는 특수성을 갖는다. 이는 투자자 이윤을 제한하는 조직 구조로 인해 일반 투자자들이 협동조합 투자에 관심을 갖지 않기 때문이다. 그 결과 협동조합은 자본시장의 평가를 받지 않게 되어 기업 가치의 객관적 평가가 어렵다. 이러한 특수성으로 인해 협동조합은 외부 자금의 차입과 경영자에 대한 성과 평가가 어려운 점이 있다.

소유권 제도

일반적으로 자산에 대한 '소유권' 이란 어떤 사업체에 대한 자본금을 출자하고 그 사업체의 자산에 대하여 청구권을 갖는 것이다. 소유권이 있다는 것은 이용자가 자본금을 100% 출자하고, 부채를 상환한 이후의 잔여 재산에 대해 배타적인 재산청구권을 보유하는 경우를 말한다.

협동조합의 조합원은 사업 이용에 따른 이익을 극대화하기 위해 협동조합에 대한 소유권을 행사하게 된다.

이는 협동조합 자산 이용에 대한 '통제권' 과 협동조합 사업에 대한 '수익권' 으로 구체화 된다. 따라서 협동조합 조합원의 소유권과 통제권, 수익권은 서로 밀접하게 관련되어 있으며, 이 3가지 권리를 규정한 협동조합 원칙이 체계적으로 실행되어야 한다.

왜 조합원 자격을 제한할까?

→ 이해관계가 다른 사람들이 참여하는 조직은 공동 이익을 추구할 수 없기 때문이다.

협동조합은 '이용자가 공동으로 소유하는 회사' 라는 점에서 영리회사와 구별되는 독특한 소유권 제도를 갖는다. 그런데 사업을 이용하지 않는 휴면 조합원이나 은퇴 조합원이 협동조합의 소유권을 행사하는 경우, 협동조합은 소유권과 이용권이 분리되어 운영에 부작용이 생긴다. 이는 이용자 편익보다 투자자 이익을 추구할 수 있다는 것을 의미한다.

이 경우 협동조합이 영리회사처럼 운영되어, 이용자 조합원의 사업 이탈을 초래하고 협동조합 정체성도 왜곡된다. 시간이 흐름에 따라 조합원은 다양한 계층으로 분화되게 마련이며, 이는 본연의 목적 달성을 어렵게 한다. 따라서 조합원의 동질성을 어떻게 확보하느냐에 협동조합의 성공 여부가 달려있다.

따라서 이용자 편익을 강조하는 협동조합 본연의 목적을 실현하기 위해 조합원 자격 및 재산권 행사를 제한하는 것이다.

해결해야 할 과제는?

→ 협동조합은 사업을 이용하는 조합원의 출자로 자본금을 조성하는 이용자 소유 회사이다. 조합원 자격을 제한하고 이용자 중심으로 이익을 배분하는 협동조합은 경쟁 관계에 있는 영리회사에 비해 자본금 확충이 불리하다. 따라서 협동조합의 경쟁력을 높이기 위해서는 자본금 부족 문제의 해법을 찾아야 하는데, 그 근본 해법은 이용 실적에 비례한 출자 의무제를 강화하는 것이다.

관련 제도는 무엇이 있을까?

〈이용비례 자본적립 제도〉

조합원마다 연간 출하 금액의 일정비율에 해당하는 금액을 매년 의무적으로 출자하는 제도이다. 이는 협동조합이 매년 이자를 지급하며 일정기간 이후에는 상환해야 한다는 점에서 장기차입금으로 간주할 수도 있다. 미국의 청과협동조합은 공동계산과정에서 조합원 별로 출하 금액의 일정비율을 출자금으로 공제하고 있다.

〈기초자본 제도〉

이용 실적에 비례하여 조합원의 출자금 과부족을 체계적으로 조정하는 방식이다. 먼저 중장기 필요자본액을 기초로 조합원 별로 이용실적에 비례한 출자목표액을 산정한 다음, 기존 출자액의 과부족에 따라 추가출자 또는 출자상환을 실행한다. 추가출자는 출하금액 비례 또는 이용배당 유보의 방식으로 실행된다.

시장경쟁력을 높이는 새로운 모델
'다자간 협동조합'

협동조합의 경쟁력을 높이기 위한 모델

최근 시장경쟁력이 치열해짐에 따라 협동조합은 상대적으로 경쟁력 약화 문제에 직면하고 있다. 협동조합의 경쟁력을 높이기 위해 생긴 새로운 유형의 협동조합으로 '다자간(이해관계자) 협동조합(multi-stakeholder model) 모델' 을 꼽을 수 있다.

이해관계자 협동조합의 최초 모델은 캐나다의 '그로잉 서클 식품협동조합(Growing Circle Food Cooperative)' 이다.

그로잉 써클 식품협동조합은 2001년 캐나다의 브리티시 컬럼비아 남부에 있는 솔트스프링 아일랜드 지역에서 탄생했다. 현재 500여명의 회원(생산자 100명, 소비자 400명, 노동자 8명)으로 구성되어 있다.

조합의 주요 활동은 유기농산물 판매점을 통한 생산자와 소비자의 연결이다. 생산자는 광범위한 시장에 쉽게 접근하도록, 소비자에게는 지역 농산물을 안정적으로 공급받을 수 있도록 했다. 이를 통해 지역경제 활성화와 지속가능한 지역농업 발전을 지원하고 동기를 부여하여 지역사회의 자급률 향상과 지역농산물의 안전성을 증대시킨다.

어떤 환경에서 생겼을까?

그로잉 서클 식품협동조합은 인구 1만 명인 솔트스프링 아일랜드의 상업 중심지인 갠지스에 위치해 있다. 이 지역은 브리티시 컬럼비아의 남부 섬들 중 가장 크고 전형적인 농촌공동체로서, 캐나다의 유기농산물 중심지이기도 하다. 또한 비누와 양초, 염소유, 우유, 치즈 등 소규모 식품산업으로 유명하다.

여름이면 이 지역 인구는 2배로 증가한다. 많은 관광객들이 토요 시장과 예술 공연장을 방문하기 때문이다. 지역 공예품과 신선 농산물은 시장에서 인기품목이다. 지역 농민들은 자기 농장에서 주민들과 관광객에게 농산물을 판매하고, 지역 예술인과 주민은 관광객에게 섬에 대한 정보와 관광 서비스를 제공한다. 이처럼 여름에는 관광산업이 활기를 띠고 겨울에는 일상으로 돌아간다.

[생산자 - 소비자 - 노동자] 3계층으로 구성된 모델

이 협동조합이 발생한 요인은 2가지이다.

첫째, 소비자의 욕구 때문이다. 즉 이 지역에서 생산된 농산물이 1년 내내 공급되도록 하여, 지역 유기농산물을 보다 폭넓게 선택하고 싶어 하는 소비자의 욕구에 따른 것이다.

둘째, 생산자의 필요 때문이다. 즉 지역 생산자들이 농산물시장에 쉽게 접근할 필요가 있었기 때문이다.

이 지역에는 이미 2개의 슈퍼마켓과 소규모 자연식품매장이 있었다. 하지만 지역 생산자와 소비자의 필요를 충족시키기에는 역부족이었다.

북미의 섬 지역 대부분은 세계 각국으로부터 수입된 농산물에 의존한다. 이 지역은 전체 농산물 필요량의 3%만 생산한다. 이 지역은 자급 목표를 실현할 수 있는 토지 조건과 적절한 기후를 가지고 있어, 주민 스스로 지역 유기농산물 및 자연농산물을 제공할 목적을 가진 조합이 설립되기를 열망했다.

2000년 3월, 창설자인 요나 토마스는 8명으로 구성된 최초 조합운영위원회를 발족하고, 식품협동조합의 실현 가능성을 결정하기 위하여 이 지역을 9개월 동안 조사했다. 그리고 생산자와 소비자의 욕구를 충족시키고 지역 주민의 고용 기회를 창출할 수 있는 사업 개발을 위해 조합 창립회원들을 뽑았다.

조합 회원들은 사회적, 경제적, 환경적 가치가 반영된 사업을 할 이상적인 협동조합 모델을 만들고자 하는 데는 모두 동의했다. 하지만 어떤 형태의 협동조합을 만들어야 할지 결정하는 데는 많은 어려움이 있었다. 그래서 시험 단계에서부터 소비자 협동조합, 생산자 판매 협동조합, 그리고 노동자 협동조합 모델이 모두 고려되었다. 결국 회원들은 그들에게 가장 적합한 협동조합의 형태는 생산자, 소비자, 노동자 세 계층의 회원으로 구성된 이해관계자 협동조합 모델이라고 결정했다.

주민들과 조합 창립자는 사회적, 경제적, 환경적 관심사들 사이의 균형을 이루는 바람직한 지역경제를 만들기 위해 협동의 중요성을 인식하고 있었다. 운영위원회는 지역 내 많은 회원을 확대하기 위해 노력했고 그 결과 짧은 기간에 협동조합 설립정신에 대한 정의를 내리고 구체적인 실천지침을 마련하였다.

그리하여 2001년 지역농산물과 부가가치 농산물 판매에 열정적인 노력을 기울이는 50여 명의 회원들로 구성된 조합이 탄생했다. 1년 후 연례 정기총회를 개최할 때까지 100여 명의 지역 생산자를 포함한 500명 이상의 회원으로 성장하였다.

조합 탄생을 위해 각종 기금과 전문가 도움을 모으다

조합 회원들은 인간자원개발 프로그램(HRDC)를 통해 협동조합 발전기금을 받을 수 있다. 이 프로그램은 회원들이 조합 발전에 전력을 다할 수 있도록 적격자를 선정하여 10개월 간 생활수당을 제공하는 프로그램인데, 10개월 동안 회원 3명 중 2명이 탈퇴하였다. 1명은 생활수당만으로는 재정적 욕구를 충족시키지 못한다는 이유였고, 또 1명은 개인 사정을 이유로 탈퇴하였다. 그래서 적격자 회원 2명을 다시 선정하였는데, 이러한 재정적 지원은 협동조합을 이론 단계에서 실천 단계로 옮기게 한 출발점이 되었다.

조합 발전의 또 다른 원동력은 협동조합 장려 프로그램을 통해 받은 기금(약 9,800달러)이다. 이 프로그램은 협동조합 설립을 시작하는 단체를 지원하기 위해 브리티시 컬럼비아 의 '협동조합 발전 모임' 회장에 의해 만들어졌다. 이 기금은 조합이 시장조사를 수행하고, 사업계획을 완성하고, 협동조합 구조를 명확히 하고, 이사회 회원을 교육 시키고, 협동조합의 관리와 법인 설립을 위한 규칙을 만들 수 있게 했다. 또한 이 기금으로 협동조합 전문가의 도움을 받을 수 있었다. 전문가의 도움이 없었다면 출발 과정이 순조롭지 못했을 것이다.

또한 마우린 로빈슨 기금(MRF)으로부터 5천 달러의 보조금을 받아 대형 냉장창고를 구입할 수 있었다. 조합 회원들도 각종 보조금 혜택을 인정하고 있는데, 이러한 보조금 지원이 없었다면 오늘날의 조합 탄생은 기대하기 어려웠을 것이다.

위 보조금 외에도 지역 관내 사업단체로부터 7만 달러 상당의 제품과 용역을 제공받았다. 또한 개인, 여타 식품협동조합, 사업단체로부터 사업과 경영에 대한 전문적인 도움을 받았다. 예를 들면 빅토리아에 있는 케이프 지역 시장의 식품 매니저, 에디블 아이슬랜드 회원들, 코테니의 노동자 협동조합, 넬슨 소비자 식품협동조합, 온라인 식품 정보 네트워크에 참가한 북아메리카 식품협동조합, 브리티시 칼럼비아의 여성기업 단체 등이다.

초창기 조합 회원들은 개인적으로 투자할 수 없었고, 대출 자격조건 적격자도 아니었으므로, 대출 프로그램에 대한 대책을 강구해야만 했다. 또한 대출 프로그램에 대한 대체 방안이 없었으므로 전문가의 도움을 받아 지역사회 대출 프로그램을 통해 빅토리아의 코우스트 캐피털 기금으로부터 2만 달러의 사업 대출을 승인받았다.

주민들의 편견과 오해를 풀기 위해 교육과 홍보에 주력

조합 출발 단계의 어려움 중 하나는 협동조합이 정부기금을 받기 때문에 시장에서의 불공정한 이익을 가진다는 일부 회원들의 편견이었다. 또한 조합이 사적 소유나 다를 바 없고 각종 보조금은 운영 경비로 사용되고 있다고 생각한 일부 지역주민들의 오해가 있었다.

이러한 오해는 간혹 협동조합의 운명을 좌우하게 되므로 조합은 지역 매체를 통해 이러한 오해를 해결하는 것이 선결과제였다. 지방신문 기사를 통해 조합은 사적 소유가 아니라 지역 회원들에 의해 소유되고 운영되며, 나아가 지역 전체에 기여한다는 사실을 강조했다. 또한 정부의 기금은 협동조합 발전을 위해 쓰일 기금이지 운영 경비 차원이 아니라는 내용을 강조했다.

조합의 또 다른 어려움은 교육이었다. 지역농산물 실제 가격에 대한 소비자들의 불만을 교육을 통해 해결해야 했다. 왜냐하면 지역 내 대형 슈퍼마켓은 식료품들을 대규모로 구매할 수 있는 능력이 있어 소비자에게 보다 저렴한 가격으로 공급할 수 있었기 때문이다. 또한 캘리포니아 산 유기농산물은 지역농산물보다 상대적으로 가격이 저렴했다.

이를 해결하기 위해 조합은 지역사회 전체의 관점에 초점을 맞추고 마케팅 차원에서 소비자 교육을 중시했다. 소비자 회원들의 농산물 구매 비용을 낮게 유지하기 위해 대량 구매를 주문했다. 그리고 주간지에 회원 교육과 참여를 독려하고 지역 행사(생산자 회원 농장 순회관광 등)에 지원과 참여를 요청하였다. 또한 조합 이사회는 더 많은 재원 확보를 위해 다른 자금 조달처를 찾았고 교육사업 투자를 위해 기금조달 위원회를 만들었다.

알고 있나요?

지역사회 발전과 통합에 기여한 캐나다의 '연대협동조합'

연대협동조합은 사회경제적으로 다양한 이해관계를 갖고 있는 지역 공동체의 관계자들이 조합원으로 참여하여 해결을 모색하는 협동조합이다.
이는 농협이나 소비자 협동조합처럼 서로 이해를 공유하는 회원이 중심이 되는 단일이해관계자 협동조합과 차이가 있다. 공유 지역과 시설을 토대로 사회경제 발전을 도모한다는 점에서, 산업이나 품목 중심의 협동조합과는 다른 각도에서 비전을 제시하고 있다.
연대협동조합의 사례로 대표적인 것은 캐나다의 다양한 협동조합들로서 다음과 같은 것들이 있다.

캐나다 퀘벡 주에 있는 세인트 카미유 지역 주민들은 지역의 역사적 유산을 보전하고 관광 가치를 높이기 위해 협동조합을 결성, 개인 소유 고택을 위탁받아 공동 관리하고 있다. 애드스톡 지역 주민들은 파산한 개인 소유 스키리조트를 협동조합 소유로 돌려 공동 운영하여 많은 소득을 올리고 있다. 의료나 보건시설이 부족한 오지 주민들 역시 공동으로 개인 병원을 인수하거나 외부 투자자와 합동으로 의료협동조합을 결성하기도 한다. 카무라스카 지역에서는 생산자와 소비자들이 공동으로 유기식품협동조합을 설립하여 직거래 운동을 펼치고 있는데, 생산자와 소비자의 연대라는 측면에서 다중 이해관계자 형 협동조합의 좋은 사례를 보여주고 있다.

연대협동조합의 활동은 지역의 사회적 통합과 지역주민의 시민 역량 제고라는 외부 효과가 오히려 더 중요하다. 협동조합이라는 사회적 매개 기구를 통해 지역주민들의 다양한 이해가 상향적으로 조정되고, 지역이 처한 문제와 그 해법을 공동으로 심의할 수 있는 사회적 역량이 배양될 수 있기 때문이다. 이러한 과정을 통해 국가와 시민 사이의 정보의 비대칭이 해소될 수 있으며, 공공정책의 올바른 집행이 가능해진다.

시행착오 Down⇩ 경쟁력 Up⇧
핵심 팁은 이것!

신설 협동조합이 성공하기 위해서는?

협동조합은 오랜 역사와 질곡 속에서 수많은 시행착오를 거쳐 발전해 오고 있다. 2008년 세계금융위기 이후 전 세계는 물론 우리나라에서도 협동조합이 화두가 되었다. 특히 2012년 12월 새로운 협동조합 기본법 시행과 더불어 신생 협동조합이 많이 생겨나고 있다. 이에 우려의 목소리도 높아져 가고 있다. 신설 조합의 시행착오를 최소화하기 위해서 반드시 알아두어야 할 점은 무엇이 있을까?

1. 상호 간의 존중과 신뢰

신설 협동조합의 성공은 상호 존중과 신뢰 구축 여부에 달려 있다. 외국의 많은 역사적 사례들이 이를 증명하고 있다.

2. 행정 간섭의 최소화

협동조합 성공의 전제 조건은 행정의 간섭을 최대한 배제하는 것이다. 이를 위해 중간 지원 조직체로써 협동조합은 필요하다. 하지만 예산이 투입된다는 점에서 여건이 성숙되기 전까지는 신중해야 한다는 여론도 적지 않다. 초기 단계에서 예산을 지원할 경우 위험 부담이 뒤따르기 때문이다.

민간이 지방 정부를 존중하고 행정은 민간을 신뢰하는 분위기를 형성하려면 많은 대화가 필요하다. 서로를 공동 목표를 향한 동반자로 인식하는 것이다. 행정은 지나치게 많은 분야까지 간섭하겠다는 생각을 버려야 하고, 민간은 행정을 존중해야 한다.

3. 기업의 조직구조를 그대로 적용하지 않는 것

기업에 적합한 조직구조는 협동조합에는 적합하지 않다. 기업 출신 임원이 기업에서 익숙한 구조를 협동조합에 그대로 적용할 수는 없다. 지배구조가 비민주적이고, 특정 지도자가 너무 오래 자리를 유지하고, 이사회와 총회가 이를 적절하게 감독하지 못하면 협동조합은 반드시 실패하게 된다.

협동조합의 경쟁력을 높이기 위해서는?

협동조합은 시장 속에서 경쟁해야 하므로 시대에 뒤떨어지지 않고 시장 경쟁력을 갖추어야 한다. 경쟁력을 높이기 위해서는 다음의 사항들을 반드시 알아두어야 한다.

1. 영리회사에 대한 경쟁우위를 확보해야 한다.

협동조합의 본연은 목적은 조합원에게 최선의 가격으로 서비스를 제공하는 것이다. 이것을 위해서는 결국 영리회사에 대한 경쟁우위를 확보해야 한다. 협동조합 고유의 경쟁력은 협동조합의 '원가경영' 과 조합원의 '공동행동' 에서 비롯된다. 협동조합의 원칙과 이에 근거한 특유의 조직구조는 원가경영과 공동행동을 통한 경쟁력 제고를 위해 고안된 제도적 장치이다.

협동조합이 조합원에게 최선의 가격을 보장하기 위해 서비스의 가격을 평균비용 수준에서 결정하는 것이 원가경영이다. 이는 시장지배력을 행사하여 평균비용보다 높은 수준에서 독과점 가격을 설정하고 그 차액만큼 초과이윤을 실현하는 영리회사의 경영과 다르다. 즉 협동조합은 서비스 가격을 낮게 결정하여 영리회사에 대한 경쟁력을 확보한다.

협동조합은 조합원에 대한 출자배당 제한과 고유의 출자금상환 제도 등의 운영원칙을 통해 자본비용을 최소화하는 전략을 추구한다. 이는 이용자 편익의 강조를 위해 투자자 이익을 제한하는 전략이며, 영리회사에 대한 경쟁력 확보를 위한 제도적 자구 노력이다. 원가경영을 위한 실천적 경영전략은 선구적 협동조합들의 역사적 경험을 거쳐 협동조합 원칙으로 규범화된 것이다.

2. 협동조합의 경쟁력은 조합원의 협동에서 나온다.

협동조합 조합원의 '공동행동' 은 협동조합이 영리회사에 대한 경쟁우위를 확보하기 위한 핵심수단이다. 그 내용은 협동조합의 민주적 운영을 통한 조합원의 자발적 사업 참여와 개별 조합원에 대한 통제권 행사이다.

3. 민주적으로 운영되어야 한다.

협동조합은 사업 참여에 대한 인센티브를 제공하기 위해 조합원 중심의 민주적 방식으로 운영된다. 영리회사와는 달리 출자 규모와 무관하게 조합원에게 이용자의 관점에서 동일한 의결권을 행사하는 제도를 일반적으로 채택하고 있다. 이는 조합원의 신규가입을 통해 사업물량을 확대함으로써 평균비용을 최대한 낮추는 협동조합의 원가경영전략과 합치한다.

협동조합의 민주적 운영의 특징은 조합원이 선출한 대표들이 이사회에 참여하여 공동으로 의사결정을 한다는 점이다. 이사회는 이용자 편익의 극대화를 위해 사업계획, 가격결정, 이익 배분에 이르는 광범위한 경영 문제에 대해 의사결정권을 행사한다. 또한 일부 조합원의 기회주의 행동에 대해 벌칙을 부여하는 조합원의 상호통제제도를 설정하기도 한다.

잊지 말아야 할 협동조합의 **사회 경제적 의의는?**

한국 협동조합 운동은 왜 위기에 직면했을까?

오늘날 한국 협동조합 운동은 심각한 위기에 직면하고 있다.

최근 활동이 활발해지고 있는 소비자협동조합이나 일부 신용협동조합을 제외한다면 농협으로 대표되는 한국 협동조합의 진화과정이 과연 협동조합이 추구하는 본원적 역할과 그 역사적 보편성의 측면에서 과연 얼마나 조직적 정체성을 가지고 있는지 의문이다.

각국 협동조합이 가지고 있는 사회경제적, 제도적 특수성과 발전을 살펴보고 한국 협동조합운동에 대해 비판적으로 성찰할 필요가 있음에도 불구, 협동조합 고유의 이념과 가치를 어떻게 회복할 것이냐에 대한 진지한 검토보다는, 단지 '기업조직' 또는 공공정책의 대리인에 대한 구조개혁 효과에만 관심이 쏠려있다.

경영이나 회계 문제만은 아닌 이유

과연 경영과 경쟁력만이 문제일까?

한국 협동조합이 당면하고 있는 위기의 본질은 경영과 효율성의 위기라는 회계학적 그늘에 가려져있다. 경쟁력과 생산성이 하락하고 있는 것은 사실이지만, 위기의 본질은 다른 곳에 있다. 경영혁신이나 지배구조 혁신도 중요하지만, 이는 협동조합 고유의 운영원리를 훼손해서는 안 될 것이다.

오늘날 한국 협동조합이 당면한 진정한 위기는 협동조합의 이해관계자(조합원, 직원, 경영진, 그리고 정부)들이 협동조합적 가치와 이념이 발현될 수 있는 '장'을 스스로 만들지 못했다는 점이다. 나아가 이러한 장이 질적, 양적으로 확대될 수 있는 정치경제적, 제도적 후원을 확충하는데 실패했다는 점이다.

이는 협동조합 이해관계자들이 협동조합 사업 활동의 본질을 각각 다른 프레임에서 해석했기 때문이다. 그리고 더 큰 문제는 각각의 프레임이 가지고 있는 현실 정치적 차이가 크다는 점이다.

사회적 경제 조직으로서의 협동조합의 의의

협동조합 이해관계자들은 협동조합이 담당해야 할 역할에 대한 새로운 개념을 공유해야 한다. 이와 관련해 '사회적 경제 조직'으로서의 협동조합 개념이 있다. '사회적 경제' 개념은 유럽식 사회복지 모델의 후퇴와 신자유주의 확산에 따른 공공성의 위기를 공동체적 대안경제로 대처하려 한 유럽의 협동조합 전통에서 나온 것이다.

1. 협동조합은 사회적 매개기구의 역할을 한다.

협동조합은 시장과 국가의 실패를 공동체적 호혜성의 원리에 의해 '보완'하려한 역사적 노력의 산물이다, 시장과 국가, 공동체는 제도적으로 상호의존 관계에 있는데, 이 관계 속에서 협동조합은 사회적 경제 조직의 의의를 갖는다.

협동조합은 국가와 시민사회에 존재하는 정보의 비대칭을 해소하는 사회적 매개기구의 역할을 수행하여 국가가 불필요하게 부담해야 할 거래비용을 줄이고, 결과적으로 공공정책 집행의 생산성을 높이는 데 크게 기여한다. 또한 시민영역에서 배출되는 다양한 요구와 수요를 분류해서 전달하여 수요자 중심의 맞춤식 정책이 수립될 수 있도록 도와준다. 또한 회원 간 동료감시 장치를 통해 공공재에 대한 무임승차와 역선택의 기회를 차단하는 기능을 담당할 수 있다.

2. 협동조합은 시민 역량을 높여주는 역할을 한다.

협동조합의 또 다른 미덕은 지역주민들과 경제적 취약계층들이 시민적 역량을 배양하여 사회발전에 기여하는 사회적 혁신의 도구가 될 수 있다는 점이다. 정치영역과 시장영역에서 상대적으로 배제된 사회계층들이 자신들의 문제를 공동으로 인식하고, 이러한 역량은 국가적 수준의 참여민주주의 정착의 밑거름이 된다. 협동조합은 그 자체가 조직화된 시민으로서 정치적, 정책적 공공영역에 적극적으로 참여하여 조합원 및 내부이해관계자의 이익을 대변할 수 있어야 한다.

'사회적 기업' 과 협동조합의 밀접한 관계는?

사회적 경제의 대표적인 실체는 사회적 기업과 협동조합이 있다.

'사회적 기업' 은 취약계층 노동통합, 사회서비스 전달, 지속가능한 지역발전 활동을 하는 민간주도의 사업을 가리키는데, 협동조합의 비영리 부문에 해당하는 조직 원리를 가진다.

유럽의 사회적 기업은 시민사회의 역동성을 반영한 새로운 공공정책으로 인식되며, 협동조합(관련기업), 민간단체, 공제조합 등에 의해 수행되는 경제적 활동을 포괄한다.

반면 미국의 사회적 기업은 경제활동과 사회적 가치를 분리한다. 사회적으로 유익한 활동을 하는 영리기업(사회공헌기업)부터 상업 활동을 하는 비영리단체까지 광범위하여 기업의 사회적 책임과 혼동되는 경향이 있다.

우리나라의 경우 협동조합을 사회적 경제의 실체로 볼 것인가에 관한 이견이 있지만, 협동조합의 원칙을 지키면서 사회적 경제를 실천한 주체임에는 틀림이 없다.

이를테면 농협, 수협 등의 협동조합은 관제 협동조합의 전통을 가지고 오랫동안의 정부의 지원과 통제에 익숙해져 있다. 신협, 새마을금고는 초기 민간의 자발적인 운동에 의해 서민금융을 책임지는 협동조합이었으나 사업과 조직이 커지면서 공동유대가 미비하고 경영부실이 발생하였다. 생협은 민간 차원의 오랜 운동과정을 거치고 제도화되면서 협동조합의 원칙과 가치를 가장 많이 지키고 있고, 최근 사업규모가 커지고 잠재력을 인정받고 있다.

앞으로 사회적 경제의 가치와 목적 실현을 위해 사회적 기업, 자활공동체, 사회적 서비스 생산 민간단체 등이 협동조합으로 전환하여 활동할 것으로 기대하고 있다.

알고 있나요?

협동조합 발전의 핵심은 '교육'

구성원 참여가 관건

협동조합은 경제적 약자들이 그들의 사회적 · 경제적 · 문화적 지위를 향상시키고 복지증진을 도모하기 위하여 자주적 · 자발적으로 조직한 사회 · 경제단체로서, 일반기업과는 달리 구성원의 적극적인 참여에 기반을 두고 운영된다.

그러므로 협동조합의 유지와 발전을 위해서는 조직의 목적과 사업에 대해 충분한 인식을 지닌 조합원이 확보되어야 하며 기존 조합원은 물론 잠재적인 조합원에게 협동조합의 이념을 확산시켜 나가야 한다.

조합원이 협동의 필요성을 자각하고 민주적으로 운영할 수 있는 능력을 갖춰야 하는데, 이러한 능력은 꾸준한 교육 활동에 의해 성취될 수 있다. 따라서 조합원에 대한 교육은 협동조합의 성장과 발전에 중요한 의의를 갖는다.

역사적, 전통적으로 조합원과 임직원 교육을 중시

협동조합의 역사적 전개과정을 돌이켜 보면 조합원과 임직원에 대한 교육이 전통적으로 매우 중시되어 왔다.

세계 각국의 협동조합법에는 연말 잉여금 중 일정액을 교육비로 충당하도록 명시하고 있다. 국제협동조합연맹(ICA)이 정한 협동조합원칙 중 제5원칙에 의하면 '협동조합은 조합원, 임직원들이 협동조합 발전에 효율적으로 기여하도록 교육과 훈련을 실시한다.' 고 규정하고 있다.

농협법에도 제57조(지역농협 사업), 제106조(지역축협 사업), 제111조(품목조합 사업)에서 '생산 및 경영능력의 향상을 위한 상담 및 교육훈련' 을 사업 범위로 규정하고 있다.

학술이론보다 실용적 교육이 중요

흔히 교육은 '살아있는 배움터' 라고 한다. 협동조합을 경영할 지도자들을 적절하게 준비시키기 위하여 협동조합의 관리와 경영에 대한 전반적인 교육 프로그램이 중요하다. 교육 프로그램은 협동조합 이념과 철학을 현대적 감각으로 체득하고 합리적 의사결정능력과 경영관리능력을 갖춘 관리자를 양성하기 위함이다.

경영이 어려워지면 교육은 상대적으로 소홀해지기 쉽다. 하지만 교육은 협동조합 비전의 좌표이자 협동조합 원리의 근간이기 되기 때문에, 교육의 질적 양적 확대가 필연적이다.

주요 교육과정에는 협동조합의 시대적 필요성, 역사, 이론과 사례, 협동조합기본법의 이해, 협동조합 정관 작성과 조직운영 등이 있다. 대학교나 연구소, 지원센터 등에서 하는 과정은 학술적이고 이론 중심적인데 반해 농협이나 신협 등의 과정은 조합 일선에서 적용 가능한 실무와 실용적인 학과목을 위주로 교육하고 있다.

알고 있나요?

한국 협동조합의 롤모델, 강원도 원주의 협동사회경제 모델

강원도 원주는 우리나라 협동조합 발전의 바람직한 모델로 손꼽히고 있다. 원주의 협동사회경제 모델은 1970년대부터 시작된 주민참여와 협동의 경험에 기반하고 있다.

1970년대 : 남한강 대홍수 재해대책 사업, 탄광지역 소비자협동조합
→ 1980년대 : 한살림, 원주생협
→ 1990년대 : 공동육아협동조합, 나눔의 집
→ 2000년대 초 : 누리협동조합, 의료생협

이와 같이 이어져 내려온 원주시의 노력으로 인해, 2003년 개별 협동운동 조직들의 네트워크로 지역사회의 변화를 꾀하고자 협동조합운동협의회를 창립하고 2009년 협동사회경제네트워크로 전환하였다.
원주는 다양한 형태의 협동조합과 사회적 기업이 지역단위 협동사회경제네트워크를 형성하였다. 생활협동조합(7개소), 신용협동조합(3개), 공동육아협동조합(1개), 교육협동조합(1개), 영농조합법인(2개), 사회적 기업(4개) 등 22개가 참여하여 활동 중이다.

협동사회경제네트워크 참여 조직은 영리목적보다 사회적 목적을 추구하면서 공동으로 원주지역 사회경제 블록화 사업을 진행 중이다. 22개의 조직 중 사업조직은 16개로 상위 8개 조직은 20억 원 이상, 하위 8개 조직은 3억 원 규모로 총 184억 원의 매출을 올렸다. 상호부조 시스템 구축을 목표로 심포지엄, 사회경제장터(쇼핑몰) 구축, 협동카드 개발 등의 사업을 진행하고 있다.

협동조합으로 '함께' 하는 기업

지역 / 주소	부산 / 부산광역시 북구 가람로8번길
상호명	나린자연발효협동조합
연락처	051-338-3385
홈페이지	http://narincoop.co.kr
소개	나린자연발효협동조합은 건강한 삶에 대한 욕구가 커지고 이에 따른 발효식품 소비가 증가하는 추세에 맞춰 더욱 질좋은 상품과 체계적인 유통시스템을 구축하기 위해 설립된 협동조합입니다. 발효상품생산, 자연발효 교육, 체험농장, 건강카페 등을 조직적으로 운영하므로써, 공동브랜드파워를 강화하며 소비자에게 다가가고 있습니다. 조합원간의 끈끈한 유대관계로 다양한 아이디어를 발굴하고, 각각의 노하우를 기반으로 정기적인 연구회모임을 진행하며 지속적인 성장을 도모하고 있습니다.

지역 / 주소	전남 / 전라남도 보성군 회천면 영천길
상호명	한국차(茶)협동조합
연락처	061-852-4832
홈페이지	www.korea-tea.co.kr
소개	한국차 협동조합은 유기농 차밭을 일구고 소비자에게 맞는 차를 제조하고 유통하는 자연친화적인 협동조합입니다. 차밭탐험 및 직접 차를 만드는 체험을 통해 소비자에게 신뢰도와 친숙함으로 다가가고 있으며, 소비자 입맛에 맞는 차를 만들기 위해 끊임없이 노력하고 있습니다. 또한 보성지역의 차업체 생산, 가공, 유통과정을 통합하여 효율적인 경영과 원가절감을 이루고, 합리적인 가격으로 소비자에게 제공하기 위해 노력하고 있습니다.

지역 / 주소	서울 / 서울특별시 송파구 오금로 214
상호명	치매걱정 없는 세상 협동조합
연락처	02-3012-0580
홈페이지	cafe.naver.com/goodbyechimae
소개	40대부터 보이지 않게 서서히 시작되어 어느 순간 모든 것을 잃게 하는 치매, 나이 들어감에 있어 가장 큰 고민과 두려움은 바로 치매일 것입니다. 하지만 치매도 젊어서부터 준비하면 발병을 늦추거나 증세를 완화할 수 있습니다. 치매 걱정 없는 세상 협동조합은 치매 예방을 돕는 다양한 두뇌활동과 신체활동 프로그램을 통해 치매에 대한 긍정적인 인식 캠페인과 치매 예방에 힘써 나가고자 합니다.

번호	소재지	상호명	연락처	홈페이지
1	강원도 강릉시 죽헌길	강릉수공예협동조합	033-652-1564	
2	경상북도 칠곡군 지천면	경상북도행복한 공예협동조합	054-973-7800	www.gbcraft.co.kr
3	경기도 고양시 덕양구 대장동	고색한지공예협동조합	031-970-8900	www.hanjiok.com
4	광주광역시 풍산구 풍영절길	광주나눔화훼협동조합	062-945-3355	www.flowernanum.com
5	경기도 구리시 이문안로	구리공예협동조합	031-574-6377	
6	서울특별시 중구 세종대로	남대문악세사리 협동조합	02-774-5001	
7	인천광역시 서구 한들로	느루공예협동조합	032-654-9003	
8	대전광역시 서구 갈마로	대전화원협동조합	042-537-1900	www.djfm.co.kr
9	서울특별시 중랑구 동일로	대한민국전통기능 전승자 협동조합	042-932-5837	www.koreahand.com
10	서울특별시 중구 남대문로	서울주얼리공예 협동조합	02-777-5060	
11	서울특별시 노원구 한글비석로	서울화훼협동조합	1577-5883	www.sfcooper.co.kr www.moaflower.kr
12	경기도 과천시 물사랑로	원예유통협동조합 나누미	02-502-2260	www.johabnanumi.com
13	경상남도 양산시 원동면 원동로	전통공예체험협동조합	010-6271-0600	www.jtart.kr
14	서울특별시 영등포구 대방천로	테마가있는꽃문화 협동조합	02-833-1966	www.greenplan.kr

번호	소재지	상호명	연락처	홈페이지
15	경상남도 통영시 적촌길	통영나전옻칠협동조합	055-643-9118	
16	대구광역시 동구 공항로	팔공산목공예협동조합	053-982-4085	
17	서울특별시 종로구 창덕궁	한국공예산업협동조합	02-744-0087	www.kcicoop.com
18	서울특별시 송파구 방이동	한국전통필리그리 공예디자인협동조합	02-421-6988	
19	서울특별시 동작구 사당로	한지공예산업협동조합	02-521-5600	blog.naver.com/hana9318
20	서울특별시 송파구 동남로	가발두피산업협동조합	02-6396-3388	www.cows.pro
21	대구광역시 중구 서성로	대구수제화협동조합	053-256-8989	
22	서울특별시 중구 퇴계로	두올섬유봉제협동조합	02-2238-8078	
23	서울특별시 은평구 녹번동	수제화소상공인 협동조합	02-1661-9238	www.handmadeshoes.co.kr
24	인천광역시 계양구 작전동	우리옷이야기협동조합	032-543-0953	www.handresstory.co.kr
25	경상북도 안동시 경동로	웨딩매니지먼트 협동조합	054-841-2783	
26	부산광역시 부산진구 범일로	의류패션기능인 협동조합	051-637-1311	ccasil.weisure.co.kr
27	대구광역시 수성구 노변로	중소기업드럭스토어 나눔협동조합	070-7518-1720	www.woorinanum.com
28	대구광역시 남구 중앙대로	친환경천연염색 협동조합	053-563-6202	www.먹오소.com

번호	소재지	상호명	연락처	홈페이지
29	서울특별시 성동구 장터길	케이뷰티미용예술가 협동조합	02-2232-2983	www.koreaba.co.kr
30	서울특별시 성구동 성수일로	한국성수동수제화 협동조합	02-466-6739	www.ssuseoul.org
31	경상북도 경산시 하양읍 대학로	한국전통염색협동조합	010-9273-3134	www.koreadyeing.com
32	서울특별시 양천구 가로공원로	협동조합쿠니온	070-7773-2012	www.seoulcreativeunion.com
33	충청남도 논산시 강경읍 계백로	강경젓갈협동조합	041-745-2922	www.sinsunmiso.co.kr
34	강원도 춘천시 신동면 한치로	강원양봉협동조합	033-244-5990	
35	경기도 고양시 일산동구 백마로 502번길	건어물생산유통산업 협동조합	031-906-2417	
36	경상북도 안동시 경동로	경북관광진흥협동조합	054-853-1488	www.gbtour.kr
37	전라북도 군산시 동신영길	군산신영협동조합	070-7788-3412	www.군산신영시장.kr
38	서울특별시 마포구 큰우물로 75	글로벌파시오협동조합	010-3243-1096	www.globalpasio.co.kr
39	충청남도 금산군 금산읍 인삼광장로 30	금산인삼협동조합	070-5033-2362	www.kggc.kr
40	경상남도 산청군 금서면 친환경로2605번길	다모듬협동조합	055-974-0558	
41	서울특별시 은평구 가좌로	동네빵네협동조합	070-4951-5800	
42	강원도 양구군 해안면 편치볼로1365번길	디엠지펀치볼영 농협동조합	033-481-6679	www.dmzpbc.com

번호	소재지	상호명	연락처	홈페이지
43	경상북도 문경시 유곡불정로	문경오미자협동조합	054-556-0066	
44	부산광역시 서구 충무대로	부산수산유통협동조합	051-244-1125	www.c2home.kr
45	전북 부안군 주산면 중계길	부안팜협동조합	063-581-7363	www.buanfarm.com
46	경상북도 경산시 대학로32길 37	삼성현협동조합	053-811-3691	www.3shmall.com
47	전라남도 장성군 삼서면 해삼로	삼채협동조합	061-394-3737	
48	충청남도 서천군 서천읍 충절로 42	서천시장협동조합	041-951-0300	
49	강원도 횡성군 우천면 정문로	숲앤들협동조합	010-8799-8579	www.숲앤들.com
50	경상북도 안동시 임동면 수곡용계로	안동고택협동조합	054-822-6661	www.suaedang.co.kr
51	경상북도 안동시 성진길	안동예천산림농업관광협동조합	010-8615-6826	
52	대구광역시 중구 남성로	약령시협동조합	053-257-1945	
53	충청북도 단양군 단양읍 수촌길	양달마을협동조합	043-422-3345	www.yangdal.kr
54	경상북도 예천군 역전길	예농협동조합	054-653-5663	www.ynfarm.co.kr
55	경상북도 예천군 역전길	예농협동조합	054-653-5663	www.ynfarm.co.kr
56	경기도 용인시 처인구 포곡읍 유운리	용인백옥쌀떡협동조합	031-335-2343	www.yongini.com

번호	소재지	상호명	연락처	홈페이지
57	울산광역시 북구 양정6길	울산제과점협동조합	052-252-4320	
58	강원도 원주시 지정면 지정로	원주감자떡협동조합	033-731-9951	www.감자배기.com
59	전라북도 정읍시 2산단5길 37	으뜸농부협동조합	063-538-7260	www.bestfarmer.co.kr
60	인천광역시 남구 염전로	인천제과점협동조합	032-876-0250	
61	전라북도 익산시 현영길	전북수제전통차협동조합	063-852-6858	
62	전라북도 남원시 운봉읍 황산로	지리산에코푸드협동조합	063-636-8788	www.에코푸드.kr
63	전라북도 진안읍 홍삼한방로	진안홍삼협동조합	063-432-4916	www.jincu.co.kr
64	경상남도 창녕군 영산면 온천로	창녕우포협동조합	070-8808-8633	www.cnupo.co.kr
65	서울특별시 노원구 공릉동	초록세상협동조합	02-971-5305	www.chorokcoop.com
66	서울특별시 관악구 남부순환로	케이티엠협동조합	02-888-0065	
67	강원도 원주시 흥업면 매지회촌길	토요인협동조합	033-761-8450	
68	서울특별시 강남구 밤고개로1길	팜마루상생협동조합	02-2038-8130	www.farmmarucoop.co.kr
69	대구광역시 달성군 논공읍 비슬로	한국제과식품협동조합	053-611-9977	
70	광주광역시 광산구 남동길48번길	행복을나누는커피협동조합	062-961-8458	www.happybeans.co.kr

번호	소재지	상호명	연락처	홈페이지
71	경기도 부천시 오정구 석천로	LED조명생산자 협동조합	070-4681-2135	www.leds.or.kr
72	강원도 속초시 선사로	다올채협동조합	010-2449-9250	
73	대전광역시 유성구 테크노2로	대전금형협동조합	042-936-7004	www.moldoc.co.kr
74	부산광역시 기장군 기장읍 차성로	두리식품협동조합	051-721-2448	www.durifoodcoop.alltheway.kr
75	서울특별시 마포구 성암로	디자인아이협동조합	070-4801-0741~2	www.designicoop.com
76	서울특별시 중구 충무로5가	디지털인쇄협동조합	02-2266-7656	www.coopy.or.kr
77	서울특별시 강남구 논현로	사진영상디자인 협동조합	02-3444-9904	www.nwdstudio.co.kr
78	서울특별시 강남구 역삼로	서울디지털인쇄 협동조합	02-6673-2992	
79	서울특별시 강남구 테헤란로25길	오래협동조합	02-508-5657	
80	경기도 수원시 영통구	유니본협동조합	031-8002-3311	www.univon.co.kr
81	서울특별시 성동구 옥수동	이아인협동조합	02-2299-4153	www.einkorea.com
82	서울특별시 종로구 인사동길	인사동관광기념품 협동조합	031-528-5592	www.handrak.com
83	대구광역시 중구 경상감영길	착한중소기업유통인 협동조합	053-745-0131	www.ideamall.or.kr
84	경기도 포천시 소흘읍 응골길	친환경에너지제로하우스 제조업협동조합	031-534-5607	

번호	소재지	상호명	연락처	홈페이지
85	대구광역시 동구 동호로	크린이노베이션 협동조합	053-961-2001	
86	부산광역시 남구 대연동	프리존협동조합	1899-6164	www.프리존.com
87	서울특별시 구로구 디지털로	한국IT개발자협동조합 (KODEC)	02-313-0773	www.kodec.or.kr
88	인천광역시 남구 학익동	한국정수기렌탈 협동조합	070-7823-4113	www.rentalm.co.kr
89	대전광역시 서구 탄방동	한국지문심리상담 협동조합	042-484-5070	www.kfpc.co.kr
90	인천광역시 남구 경인로	한국포토저널협동조합	032-888-0888	www.koreaphotojournal.com
91	전라북도 군산시 임피면 미원리	황토코리아협동조합	063-453-0045	www.황토코리아돌침대.kr
92	강원도 동해시 중앙로 190	가온협동조합	033-535-1211	www.gaonmart.com
93	경기도 부천시 원미구 송내대로73번길	건강100세협동조합	032-326-0074	blog.naver.com/kgs1987
94	경기도 고양시 덕양구 마상로134번길	고양시협동조합연합회	1669-2896	
95	경기도 고양시 덕양구 마상로134번길	국방신문협동조합	031-906-9045	gukbangnews.com
96	경기도 부천시 원미구 소향로37번길 19	더고운피부협동조합	070-4952-7412	
97	경상북도 경산시 진량읍 대구대로 210	두꺼비학교협동조합	053-850-4735	cafe.naver.com/happyschooldg
98	경기도 고양시 일산서구 중앙로 1470	두레협동조합	1600-7221	www.dureangel.com

번호	소재지	상호명	연락처	홈페이지
99	서울특별시 서대문구 세검정로1길	메리우드협동조합	070-5025-7111	www.merrywood.co.kr
100	부산광역시 동구 중앙대로 263	부산일자리창출 사회적협동조합	070-4712-5121	
101	강원도 춘천시 금강로 102	비틀에코 협동조합	033-257-5331	www.blendingcandle.com
102	강원도 속초시 농공단지길 74	속초로컬푸드 협동조합	033-635-6611	
103	경기도 수원시 장안구 영화로71번길 2	솔대노리협동조합	070-4062-8413	www.soldae.net
104	강원도 평창군 방림면 여우재길	수가솔 협동조합	033-333-3393	
105	경기도 양평군 강하면 왕창로 29-6	양평문화상품 협동조합	031-775-5978	
106	경기도 수원시 권선구 장다리로 37	에너지제로 협동조합	031-232-2664	
107	경기도 양평군 강하면 운심길 47	에버그린에버블루 협동조합	031-775-5978	
108	서울특별시 은평구 가좌로7나길 30	오담과협동조합	02-338-1027	blog.naver.com/ib2814
109	대구광역시 북구 호국로 43 8-26	중소기업직거래 협동조합	070-7563-8854	
110	서울특별시 구로구 구로중앙로 88	중소상공인공동판매 협동조합	02-907-0558	www.kesec.kr
111	대전광역시 서구 둔산남로105번길	진생베리협동조합	042-485-2389	
112	서울특별시 강동구 올림픽로92길 26	한국지갑산업협동조합	02-523-0119	www.biticlub.com

번호	소재지	상호명	연락처	홈페이지
113	서울특별시 서초구 논현로 83	한국환경에너지 협동조합	02-589-6300	www.keeco.or.kr
114	서울특별시 강남구 봉은사로 129	해외직판 협동조합	02-517-4888	www.global4989.com
115	서울특별시 도봉구 노해로70길	해피디자인상담센터 협동조합	031-423-0386	blog.daum.net/hdccc
116	전라북도 전주시 완산구 향교길 69	협동조합 온리	063-228-0028	www.cooponre.com
117	강원도 원주시 개륜1길 63	희망카페사회적 협동조합	033-741-4010	www.cafehimang.com
118	강원도 춘천시 사북면 춘화로 919-3	협동조합 비엔비	033-241-9686	www.beevenombio.com
119	서울특별시 강북구 삼양로19길 40	삼각산고등학교 사회적협동조합	070-4267-3579	
120	경기도 성남시 수정구 복정안골로 35	복정고 교육경제공동체 사회적협동조합	070-4910-7585	www.bokjeong.hs.kr

제4장

사례로 보는 농협의 이모저모

대한민국의 대표적인 협동조합 농협은 어떻게 발전했고 외국과는 어떻게 다를까? 농협 발전과정의 이모저모를 살펴봄으로써 우리나라 협동조합의 더 나은 미래를 모색할 수 있을 것이다.

대한민국 농협은 **왜 종합농협 형태일까?**

한국 농협의 특징 : 소농 중심의 종합 농협

농협은 그 기능별로 볼 때 두 유형이 있다.

> **1. 전문농협 : 판매 및 구매 서비스, 신용 등 한 가지 사업만을 전문적으로 수행**
> **2. 종합농협 : 몇 가지 사업을 겸영**

어떤 형태의 농협을 선택할 것인지는 그 나라의 농업구조와 농업인의 사회 · 경제적 위상에 따라 결정되는데, 대개 구미 선진국은 전문농협을, 한국, 중국, 대만 등은 종합농협을 채택하고 있다. 서구의 농협은 이해관계를 같이하는 농민을 중심으로 업종별로 조직되어 금융 · 보험 · 구매 · 판매 · 가공 등 기능별로 전문화되어 있다. 프랑스의 농기계이용협동조합, 신용협동조합, 소비자협동조합 등이 그 예다.

그러나 우리의 경우 품목별로 전업농가를 중심으로 한 품목조합이 일부 조직되어 있긴 하지만, 품목별 · 업종별 구분 없이 관할 구역 내 전 농민을 대상으로 한 종합농협이 주류를 이루고 있다. 한국의 농협이 영세소농을 기반으로 하여 조직되고 경제 · 신용 · 지도사업을 함께 하는 종합농협 형태를 취하게 된 특수성은 농업 생산 및 농촌사회의 구조적 특성에서 비롯된 것이다.

1960년대 초반의 여건상 종합농협 체계를 선택

서구 농협의 경우 생산 규모가 호당 평균 유럽이 20ha, 미국 200ha에 달하고, 축산 · 원예 · 과수 · 특작 등으로 전문화되어 있다. 축산은 육유 · 낙농 · 양돈 · 양계 등으로, 원예 역시 품목별로 나뉘어져 있어 농민들 간에도 이해와 요구를 달리하기 때문에 협동조합도 품목 또는 기능 중심으로 발전하게 된 것이다.

이에 비해 우리나라는 농업생산 구조가 평균 경지면적 1~3ha 안팎의 소농구조이고, 복합영농을 하는 소농 구조로 이루어진 데다, 가계와 경영의 분리도 명확하지 않다. 한국 농협이 설립된 1960년대 초반 우리나라 농업은 다음과 같은 특징이 있었다.

- 농가들의 재배품목인 벼, 보리, 밭작물이 비슷했다.

- 대다수 농가의 재배면적이 1ha에 미치지 못하는 수준이었다.
- 원예나 축산농산물을 팔 수 있는 시장도 발전되지 않았다.
- 일본의 종합농협이 성공적으로 운영되고 있었다.

이에 따라 한국 농협은 일정 지역 내의 전 농민을 대상으로 종합적인 서비스를 하는 종합농협으로 발전하게 되었다. 한 읍면의 지역 전체 농업인이 모여 만든 다품목 복합사업의 '지역종합농협' 이라 할 수 있다.

물론 우리나라는 품목농협의 역사도 매우 깊다. 인삼조합은 일제 강점기부터 있었으며, 도시 중심으로 공판장을 운영하는 원예협동조합도 초창기부터 만들어졌다. 이들 품목농협은 처음에는 경제사업만 했지만, 신용사업을 하는 것이 경영 안정에 도움이 된다며 1989년 신용사업을 할 수 있게 되어 종합농협이 되었다.

1990년대에 접어들면서 품목농협, 판매사업 강화를 위한 농협 체계 개편 논의가 있은 후, 2012년 농협중앙회의 사업구조 개편을 통해 이 땅의 여건에 맞도록 현실을 더 깊이 고려하면서 해답을 찾고 있는 중이다.

종합농협의 장단점은?

〈종합농협의 장점〉

① 농가의 조합 이용이 편리하다.

② 농가의 경제력을 한 조합에 집중시킬 수 있다.

③ 농가에 대한 사업 지원의 효율성을 높일 수 있다.

④ 농협의 각 사업 간 유기적 연계가 가능하다.

〈종합농협의 단점〉

① 경영 노력을 한 곳으로 집중시키기가 어려워 전문 인력의 양성이 곤란하다.

② 농가에 대한 전문적인 서비스를 제공하기 어렵다.

③ 사업이 보수적으로 추진되는 경향이 있다.

④ 채산이 맞지 않는 사업을 소홀히 하기 쉽다.

종합농협은 한국적 소농 구조에 적합한 형태로, 한국 농업의 성장과정에 효과적으로 기여하였다. 서구 농협의 잣대로 본다면 한국농협의 경우에는 판매농협은 물론 구매농협, 신용협동조합, 소비자협동조합, 보험협동조합, 서비스협동조합 등을 모두 겸하고 있는 셈이다. 그러나 위의 단점에서 볼 수 있듯이 종합농협은 협동조합의 정체성이라는 관점에서 여러 다른 문제를 초래한다.

해방 후 한국 농협 운동의 전개과정

한국의 협동조합은 다른 나라와 마찬가지로 자본주의 도입에 의해서 19세기 말부터 태동되었다. 구한말 한국 정부에 의해 1907년 3월에 설립된 지방금융조합은 우리나라의 근대적 협동조합의 시초로 볼 수 있다.

이전에도 두레, 계, 향약 같은 전통적인 협동조직과 농사조합, 토지조합 등 각종 농사단체가 있었으나 근대적 협동조합과는 성격이 다른 조직이었다. 한일합방 이후 일제 치하의 협동조합운동은 크게 두 갈래로 진행되는데 하나는 금융조합이나 산업조합 및 농회와 같은 관료조직이었고, 다른 하나는 일반 유학생과 천도교계 및 기독교계가 중심이 되어 전개하였던 민간 협동조합운동이었다. 민간협동조합운동의 대표적인 것으로는 협동조합운동사, 조선농민사, 농촌협동조합 등을 들 수가 있는데 모두 총독부 탄압으로 꽃을 피우지 못한 채 소멸되었다.

해방 후 협동조합의 조직화를 위한 논의과정에서 자생적인 설립보다 입법을 전제로 설립하기로 결정됨에 따라 1948년 이후 많은 논쟁을 거쳐 1957년 2월 농업협동조합법과 농업은행법이 공포되어 경제사업을 전담하는 구 농협과 신용사업을 전담하는 농업은행이 설립되었다. 그러나 양 기관이 똑같이 농업인의 경제적, 사회적 지위를 향상시킨다는 공동목적 아래 출범하였으면서도 실제 운영과정에서는 서로 유기적인 협조가 이루어지지 않았다.

따라서 두 기관의 이원화 문제에 대한 재검토 논의가 강력히 대두되었으며 1961년 7월 29일 혁명정부 하에서 새로운 농업협동조합법이 공포됨으로써 동년 8월 15일에 중앙회, 시군조합, 이동조합의 3단계 계통조직을 갖춘 종합농협이 발족하게 되었다.

종합농협 출범 후 한국 농협은 이렇게 발전했다

종합농협은 1960년대 후반까지 이동조합 육성과 시군조합 기반 조성 그리고 교육원 설치와 농민신문 창간 등 농협 운동 기반을 조성하는 데 많은 노력을 기울였다.

1969년부터는 단위조합 합병과 사업기반 확립 노력이 본격적으로 추진되었으며, 그 결과 '외형적인 조합 만들기' 와 '사업체로서의 조합 만들기' 가 어느 정도 이루어지게 되었다. 단위조합의 경영기반 구축과 기능 강화로 시군조합의 위치가 상대적으로 약화되자 1981년 새로운 농협법에 의해 3단계 조직이 단위조합과 중앙회의 2단계 조직으로 개편되었고 축협이 분리되었으며, 신용사업을 제외한 각종 업무가 대폭 단위조합으로 이관됨으로써 단위조합의 자립경영기반이 구축되었다.

1987년 6.29선언 이후에는 농협 운영의 민주화 요구에 따라 1988년 농협법 개정으로 그 동안 임명제이던 조합장 및 중앙회장, 상임감사 등을 직선제에 의해 선출하는 민주농협이 출범하였고, 사업부문에서도 자율경영체제가 자리 잡을 수 있게 되었다.

1994년 제 2대 직선회장 선출로 제 2기 민주농협이 출범되었으며, 농어촌 발전위원회 등에서 제기된 비판을 수용하여 농업인 본위의 농협으로 탈바꿈하게 되었다. 이후 국민의 정부 출범과 함께 협동조합 구조조정을 포함한 개혁요구에 따라 1999년 9월 7일 새로운 농업협동조합법이 공포되고 2000년 7월 1일 기존의 농협, 축협, 인삼협 중앙회가 하나로 통합된 농협중앙회가 출범되었다.

이와 같은 우리나라 농협은 그동안 정부의 농업 정책 구조, 정치, 경제, 사회의 민주화 과정 등에 영향을 받아 오늘의 모습으로 형성되고 발전해왔다.

주요 특성은 ①한국 협동조합운동의 중심체, ②하향식으로 조직되어 상향식으로 발전, ③복합사업 기능, ④2단계 계통조직, ⑤정부 정책사업 대행 등의 5가지로 요약될 수 있다.

농업인에게 농협이 **필요한 이유는?**

길게 보면 협동조합이 큰 힘이 된다

우리나라의 전업농의 규모는 외국의 대규모 농가에 비하면 작은 편에 속한다. 미국, 캐나다, 뉴질랜드의 농가들은 우리나라 농가 100호를 합친 것보다 넓은 농지를 경작하기도 한다. 하지만 이런 대규모 경작을 하는 선진국의 농가들도 소비지의 유통 상인과 거래를 할 때는 상대적 약자로 설움을 받는다. 그래서 그들도 농업협동조합을 만들어 협동의 힘을 빌린다. 예를 들어 미국의 썬키스트는 오렌지농업협동조합이며, 뉴질랜드의 제스프리는 키위농업협동조합이다.

농협이 농산물을 잘 팔아주지 못한다는 불만이 있는 것도 사실이다. 농협의 판매직원보다 더 시장을 잘 아는 농업인이 있기도 하다. 하지만 앞서나가는 농협이라면 뛰어난 판매직원이 조합원의 뜻과 힘을 모아 개별 전업농보다 농산물을 더 잘 팔 수 있다.

'농협은 원래 경제 사업이 안 돼.' 라며 농민조합원 각자가 따로 살길을 찾는다면, 힘센 대규모 유통업체와 시장 정보에 밝은 산지 상인들에게 휘둘린다. 장기적으로 큰 손해를 보는 쪽은 결국 농민들이다. 만약 소속된 농협이 제대로 된 판매 사업을 하지 않고 직원의 역량이 부족하다면 그것은 협동조합이나 농협 자체의 문제가 아니라 그 농협의 문제일 것이다. 따라서 전업농은 협동조합에 대한 희망을 가지고, 농협이 제 역할을 할 수 있는 방법을 함께 찾아 나가도록 해야 한다.

농협에 대한 불신 : 조합원이 주인의식을 가져야 한다

그렇다면 농협은 어떤 노력을 해야 할까?

농협은 최선을 다해 농업인 조합원의 경제적, 사회적, 문화적 지위 향상을 위해 노력해야 한다. 하지만 농업의 문제는 외국농산물의 수입개방, 높은 농지가격과 그에 따른 경영 규모 확대가 지체되는 점, 급속한 경제발전에 따른 농·공간 격차 확대 등 다양한 원인들이 겹쳐져서 발생한다. 농협의 힘은 무한한 것이 아니기 때문에 농업인 조합원이 겪는 모든 문제를 농협이 무조건 해결해주기는 어렵다.

그럼에도 불구하고 농협은 농업과 농촌에 기여한 바가 적지 않다. 1960년대 이후 농협은 농촌의 고리대 문제를 해결하고, 영세한 도시민이나 중소기업에 비해 훨씬 유리한 신용환경을 만들었다. 연 60%의

금리를 10% 대로 떨어뜨렸다. 구매사업을 통해 수도작 농약과 비료를 적기에 공급함으로써 쌀 자급을 이뤘고 2000년 중반까지 RPC를 운영하며, 벼 판매에 어려움을 줄여주었다. 농산물의 공동판매조직을 육성하고, 양재물류센터 등 소비지유통을 통해 농업인 개개인이 할 수 없는 판매 사업을 할 수 있게 하였다.

수입 개방이 본격화되고 전반적인 농업여건이 어려워지자 농협에 대한 요구는 더욱 높아졌다. 하지만 농협의 판매역량이 이를 만족시켜주지 못하자 농협에 대한 불신이 높아지고, 큰 농가 중심으로 농협을 이탈하면서 농협의 역량은 갈수록 줄어들고 있다.

'농협이 조합원에게 무엇을 얼마만큼 줄 것인가' 를 따지는 것은 올바르지 않다. 주는 것이 아니라 함께 만들고 함께 나누는 것이다. 조합원의 참여와 힘이 모여 농협사업을 활성화시키고 그 성과를 나눠가지는 것이다.

농협의 역량을 강화시키기 위해서는 어떻게 해야 할까?

무엇보다 농업인 조합원이 더 강하게 농협을 중심으로 뭉쳐야 한다. 적극적으로 사업에 참여하면서 좋은 대의원, 임원, 조합장을 선출하고 좋은 직원을 잘 뽑아 농협이 제 역할을 할 수 있도록 해야 한다. 농협의 주인은 다른 아닌 조합원이기 때문이다.

알고 있나요?

농협 심벌에 이런 뜻이?

쌀이 가득 찬 항아리를 형상화한 농협 마크, 메인 캐릭터인 '아리', 토끼 마스코트 등 농협 심벌은 우리 농협의 이미지를 나타내는 것으로 넓게는 기업 문화를 상징하는 것이기도 하다. 우리에게 친숙한 농협 마크는 복주머니를 연상케 하기도 하는데 이는 농촌이 잘 살게 되기를 바라는 염원을 담은 것이라고 한다. 마크의 V자 형태는 '농' 자의 'ㄴ' 을 변형한 것으로 새싹과 벼를 의미하며 농협의 무한한 발전을 상징하는 것이다. 아랫부분의 둥근 모양은 '업' 자의 'ㅇ' 을 변형한 것으로 원만함과 돈을 의미하며 협동과 단결을 상징한다. 또한 마크 자체는 '협' 자의 'ㅎ' 을 변형한 것이다. 그래서 전체적으로 'ㄴ' + 'ㅎ' 은 농협을 나타내고 있다.

밀알 같이 생긴 캐릭터 '아리' 는 지난 2000년 농협 · 축협 · 인삼협이 통합 농협으로 새롭게 출발하면서 미래지향적인 기업 이미지를 나타내고자 만든 것이다. 이름을 아리라고 지은 것은 농업의 근원인 씨앗을 모티브로 해서 쌀알 · 밀알 · 콩알에서의 '알' 을 따와 '아리' 라는 친근한 이름을 붙인 것이다.

마스코트로 토끼가 선정된 것은 토끼라는 동물이 온순하고 귀염성이 있는 동물이란 점에 착안, 항상 고객으로부터 사랑받고 있고 앞으로 더욱 사랑 받겠다는 의미라고 한다. 또한 토끼는 새끼를 많이 낳는 강한 번식력이 있어 지속적으로 발전을 하는 농협을 상징하는 의미도 있다.

최근에는 농협 앞에 NH를 붙여 NH농협으로 부르고 있는데 이것은 국제화 시대에 세계로 뻗어가는 농협의 이미지를 구축하기 위한 것이다. NH의 N과 H는 농협(Nong Hyup)의 영문 약자이자, 자연(Nature)과 인간(Human)을 존중하는 의미도 있다.

CI 소개

〈심벌마크〉

[V] 끝은 [농] 자의 [ㄴ] 을 변형한 것으로 싹과 벼를 의미하여 농협의 무한한 발전을, [V] 끝을 제외한 아랫 부분은 [업] 자의 [ㅇ]을 변형한 것으로 원만과 돈을 의미하며 협동 단결을 상징합니다.

또한, 마크 전체는 [협]자의 [ㅎ]을 변형한 것으로 [ㄴ + ㅎ]은 농협을 나타내고 항아리에 쌀이 가득 담겨 있는 형상을 표시하여 농가 경제의 융성한 발전을 상징합니다.

〈로고타입〉

농협중앙회

農協中央會

농협

農協

농업협동조합중앙회

NATIONAL AGRICULTURAL
COOPERATIVE FEDERATION

시그니춰는 심볼과 로고타입을 가장 합리적이고 균형적으로 조합시킨 것으로 농협의 정식 표기를 의미하며, 농협의 이미지를 인식 시키는 가장 직접적인 표현 형식입니다.

〈시그니춰〉

기본형

GOLD

SILVER

농협의 이미지를 시각적으로 전달하는 상징물이므로 기업의 일관된 이미지 유지를 위해 올바른 색상활용이 중요합니다.

〈패턴과 시그니춰 종합〉

마크블록

농협 시그니춰 적용 시에는 패턴의 가로폭에 맞춰서 사용합니다. 그 외 농협중앙회, 자회사, 회원조합 등의 글자 수의 변화가 있는 시그니춰의 사용은 예시한 바와 같이 정해진 패턴 위에 중앙 정렬로 사용하고 그래픽 패턴의 가로폭을 넘어서 사용할 수 없습니다.

농협간판

NH농협의 캐릭터인 아리는 기업과 고객을 가장 친근감있게 연결시키며
심볼을 보조하여 기업 이미지를 업(Up) 시키는 제 2의 상징체이고
각종 업무 안내, 기념품, 광고, 싸인물 등에 광범위하게 사용되는 CI시스템에 있어 중요한 아이템입니다.

농업의 근원인 씨앗을 모티브로 하여 쌀알, 밀알, 콩알에서의[알]을 따와서 이름을 붙였습니다.

〈캐릭터〉

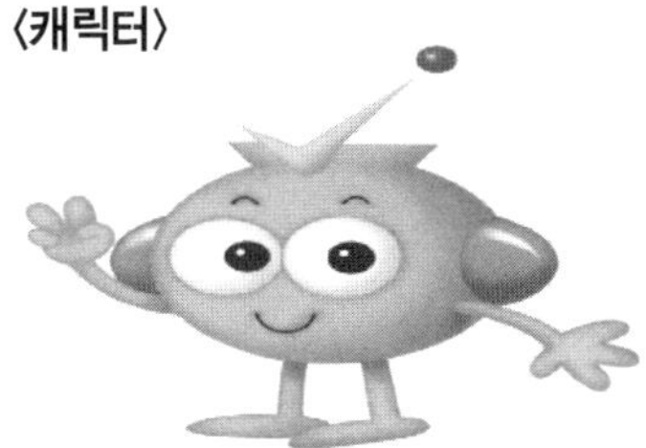

NH농협의 캐릭터인 아리는 기업과 고객을 가장 친근감있게 연결시키며 심볼을 보조하여 **기업 이미지를 업(Up)시키는 제2의 상징체**이고 각종 업무 안내, 기념품, 광고, 싸인물 등에 광범위하게 사용되는 CI시스템에 있어 중요한 아이템입니다.

■ 캐릭터 아리(ARI)

통합 농협으로 새출발하는 농협의 미래지향적인 기업 이미지를 캐릭터를 통해 발전시키고자 하였으며, 우리의 전통 음율 '아리랑'을 연상하게 하여, '흥, 어깨춤' 등 동적인 이미지를 지님과 동시에 곳식을 담을 '항아리'도 연상케 하여 '풍요'와 '결실'의 의미도 함께 지닙니다.

농협조합원의
권리와 의무는 무엇?

농협조합원의 권리 : 공익권과 자익권

조합원의 권리는 공익권(共益權)과 자익권(自益權)으로 나눌 수 있다. 공익권이란 '공동 이익과 조합발전을 위해 조합운영에 참여하는 권리'를 말하며, 자익권은 '조합의 개개인이 협동조합의 운영을 통해 받아야 할 이익에 관한 권리'를 말한다.

공익권은 다음의 3가지로 나뉜다.

〈농협 조합원의 공익권〉

① 총회에 참석하여 의견을 제시하고 의결에 참여할 수 있는 총회의결권

② 협동조합의 조합원을 대표할 임원을 선출하거나 임원으로 출마할 수 있는 선거권과 피선거권

③ 조합 운영에 문제가 발생할 경우 비상조치를 보장하는 소수조합원권

운영정보 열람권과 관련하여 ① 정관 ② 총회의사록 ③ 조합원(대의원)명부는 사무소에 비치해야 하고, ④ 분기별 사업보고서 및 결산

보고서는 홈페이지에 공시하고 대의원에게 보내줘야 하며, ⑤ 앞의 자료 및 이사회 회의록은 조합원이 요청이 있으면 자유롭게 볼 수 있고 필요하다면 실비를 주고 복사할 수 있도록 농협법에서 보장하고 있다.

소수조합원권은 다수결을 원칙으로 하되 소수자에 대한 권리도 보호하는 민주주의 원리에 바탕을 두고 보장되는 권리다. 소수조합원권이 법으로 보장하고 있는 것은 12가지가 있는데 중요한 것으로 총회 소집 청구권(법 36조, 107조), 회계장부 등 서류열람 및 사본교부 청구권(법 65조), 임원 해임 요구권(법55조, 상법 382조) 등이 있다. 소수조합원권은 일정한 수 이상의 조합원이 동의하면 발동되는 것인데 발동 조건은 상황에 따라 다르다.

자익권은 일상적인 자익권과 비일상적인 자익권이 있다.

〈농협 조합원의 일상적인 자익권〉

① 협동조합이 하는 사업의 방식과 지침에 동의하는 조합원은 다른 이유로 조합원의 사업 참여와 시설 이용을 제한받지 않는다는 '사업/시설 이용권'

② 조합 경영이 흑자를 낼 때 그 배당을 받을 수 있는 '잉여금배당 청구권'

〈농협 조합원의 비일상적 자익권〉

: 탈퇴할 때 출자금과 사업준비금을 돌려받을 수 있는 '지분상환청구권'

농협조합원의 의무 : 기본의무, 부가의무

일반 기업의 고객에게는 '손님은 왕' 이란 말처럼 고객으로서의 권리가 있지만, 조합원은 권리뿐만 아니라 의무도 가지고 있다. 얼핏 반대되는 말인 것 같은 권리와 의무를 연결시켜주는 고리는 바로 '조합원이 주인' 이라는 사실이다.

협동조합은 조합원이 출자와 이용과 운영의 모든 측면에서 주인이기 때문에 주인으로서 권리와 의무를 지니게 된다. '주인 노릇을 하는 것' 이 '의무' 이며, '주인 대접을 받는 것' 이 '권리' 라고 할 수 있다. 마치 나라의 주인인 국민이 헌법에서 보장하는 '교육의 권리' 를 갖지만 '교육의 의무' 도 함께 가지고 있는 것과 같은 이치다.

협동조합의 사업을 이용하는 것은 권리이자 의무이며, 사업이 잘되어 번 돈을 나눠가지는 것은 권리이다. 하지만 사업이 안 되어 손해를 보게 되면 그것을 감당해야 하는 것도 조합원의 의무다. 이처럼 조합원의 권리와 의무는 동전의 양면이라 하겠다.

조합원의 의무에는 기본의무와 부가의무가 있다.

1) 조합원의 기본의무 : 조합운영을 위한 기본적인 의무

① 출자금 납입 의무 : 조합 사업에 필수적인 자본을 조달하는 의무

② 경비부담 의무 : 운영 시 필요한 경비를 사업에 참여하는 조합원이 제공하는

의무 (구매수수료, 판매수수료)

③ 조합 사업 · 시설을 이용하는 의무

협동조합 모범사례로 소개되는 덴마크의 데니쉬크라운 양돈협동조합은 정관에 '조합원이 생산한 돼지는 모돈과 자돈의 일부를 제외하고 전부 조합으로 출하한다' 고 강한 의무를 부가하고 있다.

2) 조합원의 부가의무 : 운영하는 가운데 문제가 발생할 때 책임을 지는 의무

① 과태금 납입 의무 : 조합원이 조합 사업을 이용하지 않거나, 불성실하게 이용하여 조합과 다른 조합원에게 손해를 끼칠 때 사전에 정한 과태료(벌금)를 납부하는 의무

② 손실액 부담 의무 : 잉여금배갈청구권과 맞상대가 되는 조합경영이 적자를 보면 그 적자를 조합원이 나눠서 해결하는 의무

장기적인 안목으로 개선점을 찾아야

"농협조합원의 의무를 꼭 지켜야 하나요?"

실제로 조합원들이 가장 많이 물어보는 질문이다. '일반 농약상 보다 농협이 가격이 높다.', '밭떼기상은 수확을 해주는데 농협은 안 한

다.', '도매시장에 출하를 맡겼더니 정산을 해 주는데 개인이 낸 것보다 못 하더라.' 등 농협과 거래하니 오히려 손해라는 푸념들을 들을 수 있다.

하지만 농협의 구매물품이 대리점보다 싼 것도 있고, 개인이 낼 때보다 농협에서 출하했을 때 가격을 더 높게 받는 경우도 있다. 특히 각종 계약 사업은 최저가격을 보장해 주는 장점을 가지고 있다. 은행보다 금리가 높을 수는 있지만 그렇다고 은행에서 척척 대출을 받을 수 있는 신용도 높은 농업인은 거의 없는 상황에서 대출을 해주는 것도 조합원에게만 부여되는 서비스일 수 있다.

농협은 종합적으로 볼 필요가 있다. 농협이 신이 아닌 이상 모든 조건과 모든 거래에서 다른 상인이나 기업보다 나은 조건을 조합원에게 제공할 수는 없다. 그러나 농협의 발전을 일구어갈 주인인 조합원이라면 조합원이 단결하고 문제점을 해결할 수 있다는 희망을 품는 것이 중요하다. 단기적으로는 농협과 거래하는 것이 손해일 수도 있지만, 장기적인 이익을 바라보며 조합을 이용하는 것이 올바른 자세이다.

그렇다고 무조건 농협 사업에 끌려가라는 것이 아니다. 문제점이 있다면 정확하게 지적하고 개선방안을 마련하도록 강력하게 요구해야 한다. 그러고도 그 사업이 나아지지 않는다면 아예 조합에서 그 사업을 하지 말도록 해야 한다.

경쟁하는 기업이 최선의 가격과 서비스를 제공할 수 있다면 협동조합은 더 이상 운영될 이유가 없게 된다. 하지만 개선의 노력도 안 하면서 단기적인 손익만 따져서 조합 사업에 참여하지 않으면 그 조합원은 주인이기를 포기한 것이나 다름없다.

농협연합회는
무슨 일을 할까?

조합간의 협동과 연합이 성장의 원동력

협동조합은 조합원이 주인이며 시장에서 기업과 사업적으로 경쟁하면서 조합원의 이익을 지켜야 한다.

100년 전에는 협동조합과 경쟁하는 기업도 기껏해야 직원이 100여 명 남짓이었다. 하지만 21세기인 지금의 협동조합은 세계를 무대로 직원들이 뛰어다니는 초국적 기업들과 경쟁해야 한다. 특정 지역의 조합원이 모여 만든 일선조합의 힘으로는 거대하게 커진 기업과 맞대결을 하기에 어려움이 있다. 그렇다고 협동조합을 너무 크게 만들면 조합원의 참여가 줄어드는 문제가 발생한다. 대기업과 경쟁하면서 일선조합의 참여는 그대로 유지하는 두 마리 토끼를 잡기 위해 협동조합은 '협동조합 간의 협동' 이라는 원칙을 개발했다.

국제협동조합연맹은 조합간의 협동을 '협동조합이 한 지역차원에서 크게 성장하기 위해서는 소규모 조합의 소유와 참여의 장점을 유지하면서 다른 조합과 제휴하여 대규모 조직의 이점을 획득해야 한다'

고 설명하고 있다.

동일한 목적과 사업을 하는 협동조합이 연합하여 일선조합으로 할 수 없는 일들을 함께 하는 것은 당연히 필요한 일이다. 예를 들어 농협 마크는 3조원 정도의 상표 가치를 가지고 있으며, 통합전산망의 구축과 정보의 공유, 소비자 유통시설의 설치 등은 일선조합이 개별적으로 수행하기에는 불가능하거나 매우 많은 비용을 지불해야 한다. 하지만 연합회가 이런 성과를 만들면 모든 참여농협이 함께 나누는 것이 가능하다.

중앙회도 종합농협 체제

우리나라 농협의 연합회는 '농협중앙회' 가 모든 농협을 포괄하여 설립, 운영하고 있으며, 품목농협 활성화를 위해 과수조합연합회와 양돈조합연합회가 품목연합회로 운영되고 있다. 2000년대부터는 구매와 판매 사업을 중심으로 시군 단위 '사업연합' 이 출범하여 확대되고 있으며, 이를 육성하기 위해 '조합공동사업법인' 으로 발전되고 있다. 해방 직후 농협은 농업은행과 경제사업을 하는 (구)농협이 별도로 있었으나 (구)농협이 자본금 부족 등으로 사업이 활성화 되지 않자

1961년 양 기관을 통합해 지금의 종합농협을 설립하게 되었다.

한국과 비슷한 소농 구조를 갖고 있는 일본과 대만의 농협을 보면 회원조합 단계에서는 종합농협 체제를 갖추고 있으나 연합회 단계에서는 기능별 · 품목별로 분리되어 있다. 그러나 우리나라는 중앙회도 종합농협 체제로 발전을 거듭해 왔으며 이러한 특성은 2000년 농축인삼협의 통합에 의해 더욱 강화되었다. 2012년에는 신용과 경제사업 분리를 위한 농협 사업구조 개편이 이루어졌다.

농협중앙회가 회원농협의 상호금융 연합회로서의 기능을 수행하는 동시에 직접 사업을 한다는 점도 특징이다. 외국의 경우 연합회는 주로 회원조합을 통해 조달된 자금을 운용하거나 지도업무를 주 임무로 하는데 비해 한국 농협중앙회는 금융사업의 경우 소비자를 대상으로 직접 금융까지 담당하고 있다.

농협중앙회가 더욱 민주적으로 운영되기 위해서는?

"대한민국의 농협중앙회는 연합회인가요, 상급기관인가요?"

이러한 궁금증이 제기된다는 것 자체가 우리나라 농협이 안고 있는 문제점의 하나다.

일선조합이 통제할 수 있는 연합회 구조는 주변의 여러 일선조합이 뭉쳐서 시군 단위나 도 단위로 연합회를 만들고, 이 연합회가 다시 전국적으로 모여 전국적인 연합회를 만드는 것이 일반적이다.

하지만 우리나라의 일선조합과 전국 단위 연합회(농협중앙회) 사이에는 시군 단위나 도 단위 연합회가 없다. 일선조합 대부분이 읍면 단위 지역농협인 상황에서 일천여 개가 넘는 회원조합이 하나의 연합회만 만들고 있는 것은 세계적으로도 특이한 구조다.

이렇게 일선조합이 많은 구조에서는 연합회의 장점이 작동하기 어렵다. 개별 회원조합의 중앙회에 대한 의사결정 지분(1만 분의 1)이 적어 적극적인 주인의식이 없어진다. 또한 일선조합의 의견을 결집하기 어려워 중앙회를 견제하기 보다는 중앙회의 결정과 규정을 받아들이기 쉬운 구조가 된다.

특히 우리나라 농협은 정부의 각종 지원 사업을 대행하고 있는데, 이런 사업이 대부분 중앙회를 경유하기 때문에 정부 지원을 위해서라도 일선조합은 중앙회와 좋은 관계를 유지해야 한다. 여기에 중앙회가 신용사업과 회원조합의 자원을 모아 수조원에 달하는 각종 무이자 경영자금의 배분도 도맡아서 하다 보니 일선조합이 중앙회의 방침을 반발하고 지키지 않기가 어렵다.

이런 문제들로 인해 아래로부터 민주적으로 의사결정을 모아 나가는 것이 어렵게 된다. 일선조합도 조합원의 의견을 충분히 수렴하지 않으면서 그 이유를 '중앙회의 지침 때문' 이라고 조합원에게 변명하다 보니 농협중앙회가 더욱 통제기관으로 인식되게 되었다.

이에 농협중앙회는 신용사업과 경제사업을 분할하는 법 개정을 하였다. 어떤 방식으로든 조합원의 사업 참여와 민주적 일선조합운영이 기본이 되어야 연합회도 민주적으로 운영될 수 있다.

알고 있나요?

협동조합의 가치가 삶에 녹아들어야 하는 이유는?

민주적으로 운영되도록 개선하고 참여해야

우리나라는 경제발전 초기에 정부가 농촌 개발을 위해 적극적으로 농협을 육성했다. 각종 제도적 지원과 정책 대행 사업을 통해 농협도 빠르게 성장했으며, 규모나 사회적 영향력 측면에서 보면 세계 협동조합 중에서도 성공 사례로 꼽히고 있다.

하지만 1980년대까지는 조합장이 실질적으로 임명제로 운영되는 등 조합원이 농협의 주인으로서 민주적으로 운영되지 못했던 문제점이 있었다. 이후 조합원들의 노력으로 조합장 직선제가 도입되고, 농협법이 수차에 걸쳐 개정되면서 현재 법제도적으로는 민주적인 체계를 완성했다.

일선조합에서 법 제도의 취지가 잘 달성되고 있는가에 대해서는 다양한 평가가 있을 것이다. ICA 협동조합 원칙 중 자발적 참여를 해설하면서 '세계 많은 나라에서는 경제적 압력과 정부 제도가 사람들에게 특정한 협동조합에 가입하도록 강요하는 경우가 있다. 이런 협동조합은 모든 조합원 참여를 이끌어 내어 자발적으로 협동조합을 지지할 수 있도록 만들어야 하는 특별한 책임이 있다' 고 적고 있다.

협동조합 가치=생활가치가 되도록

농협은 각종 농업정책을 수행하면서 대부분의 농민이 농협에 가입하지 않을 수 없는 구조다. 협동조합에 대해 준의무적으로 가입한 조합원의 참여를 적극적으로 이끌어내어 자발적으로 협동조합을 지지하도록 해야 한다는 ICA의 요구수준에 비춰볼 때 우리의 농협은 아직도 해야 할 과제가 많이 있을 것이다.

좀 더 세부적으로는 1인 1표로 대표되는 민주적 의사결정, 지역사회에 대한 기여, 조합원의 경제적 참여 등의 원칙은 잘 지켜지고 있다. 반면 협동조합간의 협동이나 교육훈련, 자율과 독립 등의 원칙은 더욱 많은 노력이 필요하다. 협동조합의 가치가 개개인의 삶의 규범으로 충분히 녹아 들어가 있는 조합원과 임직원의 비율이 높지 않은 것으로 보인다.

법 제도 차원에서 보장하는 협동조합의 원칙을 일선에서 잘 실행하기 위해서는 감사와 조합장, 직원들이 헌신하고 지도하는 것도 필요하다. 그러나 이들을 선출하고 더 열심히 할 수 있도록 여건을 만드는 것은 결국 조합원의 몫이다.

아하! 그렇구나!

농협 합병은 조합원에게 이익? 손해?

현재의 읍면 단위 농협만으로는 조합원들이 원하는 수준만큼 판매사업이나 구매사업이 발전하기는 어렵다는 점에는 대다수의 합의가 있다. 따라서 인근 농협들을 합병하여 농협의 규모를 키움으로써 신용사업의 효율성과 안정성을 높이고, 경제사업에 대한 투자를 확대, 강화시키는 취지에서 합병론이 대두되었다. 이에 따라 협동조합구조개선법이 제정되고, 정부와 농협중앙회 차원에서 다양한 지원책을 제시하며 지속적으로 합병을 유도하고 있다.

합병을 한다고 무조건 조합원에게 이익이 되거나 손해가 되지는 않다. 외국의 합병사례를 보아도 성공한 합병과 실패한 합병이 있다.

조합원의 조합 참여가 충분하지 않은 상황에서 합병을 하게 되면 조합원의 조합에 대한 만족도가 낮아질 수 있다. 조합원의 수가 많아지는 만큼 조합원의 이해와 요구가 더 넓게 벌어져 비효율적으로 운영될 수도 있다. 따라서 조합원에게 도움 되는 합병을 만들기 위해서는 합병의 성과 목표를 달성할 수 있는 계획이 제대로 세워져야 한다. 합병의 비전과 구체적인 실행 계획을 수립해야 하며, 경영 부실이 쌓이기 전에 충분한 시간을 가지고 준비해야 한다.

〈합병 지원 관련 제도〉

분 류	지원 내역
합병자금지원	◇ 지원금액 : 소멸조합 당 50억 원 ◇ 지원조건 : 6년(3년 거치 3년 균등상환), 무이자
합병조합 부실액 보전	◇ 지원금액 : 합병참여 조합의 부실액 전액 보전 (잠재부실의 합병이후 현실화 포함) ◇ 지원조건 : 5년(일시상환, 무이자)
조합육성 (저리) 자금지원	◇ 대상조합 : 합병 후 3년 미경과 조합 ◇ 지원금액 : - 경제시설투자는 자부담액의 80%(한도 50억 원) - 농업인 편익시설은 50%(한도 10억 원) ◇ 지원조건 : 2년거 치 3년 균분 상환(이자율 4.0%)
합병 추진 비용 지원	◇ 조합 : 조합원 수에 비례하여 2000~3000만 원 ◇ 시군지부 : 최초 1개 조합 소멸 시 300만 원, 추가 조합 당 100만 원 ◇ 지역본부 : 소멸조합 수에 비례(한도 2000만원)
농업인 실익용품 구입 지원	◇ 지원한도 : 소멸조합 당 1000만 원 ◇ 대상용품 : 화물차, 유조차, 냉동차, 토양검정기, 톱밥제, 조기, 벤딩기 등
예산지원(정부)	◇ 지원규모 : 소멸조합 당 20억 원 ◇ 지원조건 : 5년, 무이자

의사결정은 **이렇게**

협동조합의 기본은 참여와 민주주의

협동조합은 참여와 민주주의를 기본으로 한다. 국제협동조합연맹은 협동조합에서 민주주의의 권리와 책임을 동시에 요구한다. 조합원은 총회와 같은 회의에 참석하여 정책 수립과 의사 결정에 참여하며, 결정된 사항에 대해서는 책임이 따르게 된다. 이러한 의미에서 조합의 최종적인 통제는 민주적인 방식을 통해 조합원이 수행해야 한다.

협동조합은 자본이나 사업이 중심이 되는 조직이 아니라 '인간'이 중심이 되는 조직이다. 따라서 일반적으로 조합원은 동등한 의사 결정권을 갖는다.

협동조합의 최고 의사결정기관은 모든 조합원이 모인 '조합원 총회'이다. 하지만 1천여 명 이상의 조합원이 직접 모이기 어렵기 때문에 조합원 중 일부를 대의원으로 뽑아 대의원 총회를 하게 된다. 대의원 총회는 연중 2~3회 소집되는데 이중 2월에 실시되는 결산총회가 정기 대의원 총회이며, 12월의 예산총회와 7월 정도에 임시대의원총회가 열린다. 대의원총회는 조합의 예산과 결산 및 사업계획을 결정하는 최고의결기관이다. 대의원총회의 결정사항을 더 구체적으로 행하는 것이 이사회다. 이사회는 매월 1회 정도 열리고, 조합의 규정과 사업계획의 세부결정 등을 담당하며, 대의원총회에 올릴 안건을 사전에 심의하는 기능을 한다.

총회와 이사회에서 의사 결정은 조합원의 적극적 참여가 중요

총회와 이사회의 결정을 집행하는 것은 조합장과 직원으로 구성된 집행부의 일이다.

조합장은 이 집행부의 최고책임자이며, 대의원총회와 이사회의 회의를 진행하는 의장의 역할을 맡게 된다. 최근에는 집행부를 책임지는 상임이사 제도가 도입되고, 조합원 자산이 2500억 원 이상이면 조합장은 의무적으로 비상임조합장이 되어 조합원의 대표로서만 일하고 집행부를 책임지지는 않게 되어있다.

그렇다면 조합원이 농협 의사결정에 참여할 수 있는 기회가 줄어들고 있는가, 아니면 늘어나고 있는가? 사실 시장경쟁이 격화되고 빠른 의사결정이 요구됨에 따라 조합원은 의사결정에 참여할 수 있는 기회가 줄어들고, 경영진이 사업운영에 더 많은 통제권을 행사하게 되는 경우가 많을 것이 세계적인 추세이다.

그렇다면 이것에 대한 대처방안은 무엇일까?

농협 입장에서 본다면, 기본적으로 조합원이 원하는 것을 포착하려는 감각과 그것을 주려는 의지와 시각이 강해야 한다. 이를 관철시키기 위해 최신 첨단 미디어와 소셜 네트워크 서비스를 적극 활용하는 방법을 추천할 수가 있겠다. 이를 적극적으로 활용하여 조합원의 적극적인 참여를 유도해 나갈 수 있을 것이다.

알고 있나요?

조합장 선거문제 개선, 2015년부터 전국 동시선거 실시

농협 조합장 선거에서 잡음이 끊이지 않고, 신문지상에 조합장 선거에서 돈을 주고받아 크게 망신당하는 기사가 나오는 것은 농협의 모든 구성원들에게 부끄러움을 주고 있다.

이렇게 조합장선거에서 병폐가 나타나는 이유는 무엇보다 조합원이 농협의 주인이라는 본분을 잠시 잊고 작은 금전에 자신을 권리를 팔아버리기 때문이다. 또한 대의원이나 이사, 감사가 조합장에 대한 충분한 견제와 조정을 하지 못하고 있다. 그래서 조합장이 되면 뭐든지 할 수 있겠다는 생각으로 무슨 수를 써

서라도 조합장을 하겠다는 생각이 도덕성을 마비시켜 급기야는 돈이 들고 비방이 판을 치게 된다.

현재와 같은 농협조합장 선거의 문제점을 개선하기 위해 2015년부터는 전국동시 선거를 실시하고 있다.

임원은 군림이 아닌 봉사를 해야 한다. 국제협동조합연맹은 '임원은 조합원에 의해 선출되며 조합의 이익 증진을 위해 봉사하여야 한다. 협동조합은 선출된 임원의 것이 아니며, 직원의 것도 아니기 때문이다. 협동조합은 조합원의 것이며, 선출된 임원은 선출된 때부터 조합원에게 책임을 져야 한다.' 라고 설명한다.

봉사정신이 투철한 임원이 선출되지 못하고, 임원의 권한을 개인의 것인 양 행사하는 임원을 선출하는 협동조합이라면 그 조합원들의 의식수준을 의심케 할 가능성이 있다.

조합원이 선거와 관련하여 금품을 받았다가 적발되면 그 금액의 50배에 달하는 벌금을 내야 한다. 불법선거가 적발되면 농협중앙회는 적발된 농협에 대한 모든 지원을 중단한다는 공명선거 대책을 내놓고 있다.

처벌을 무서워하기 보다는 조합원 각자가 농협의 주인이란 자세를 다시 한 번 가다듬고, 조합원과 대의원, 이사, 감사에 대한 협동조합 교육을 활성화시키고, 대의원 총회와 이사회의 기능을 정상화시키는 것이 조합장선거문제를 해결하는 근본적인 대책이 될 것이다.

알고 있나요?

농협의 중요 정보, '정관' 과 평가자료를 반드시 확인!

정관과 재무재표 : 조합원 누구나 자유롭게 열람

정관은 농협의 헌법이므로 모든 농협의 사업과 운영은 정관에 의해 수행된다. 정관 다음으로 중요한 정보는 농협의 사업방향을 구체적으로 제시한 '사업계획 및 수지예산서' 이다. 매년 12월 대의원총회에서 결정되므로 1년의 살림살이를 확인할 수 있다.

농협의 경영상황을 일목요연하게 숫자로 기록해 둔 것이 각종 재무제표이다. 재무제표는 농협의 이해관계자(조합장, 임직원, 대의원, 조합원, 거래당사자, 세무서 등)가 합리적인 의사결정을 내릴 수 있도록 농협의 경영성과와 재무 상태를 일정한 형식으로 요약하여 표시하는 보고서다. 재무제표는 경산 대의원총회 1주일 전까지 대의원에게 제출해야 하는데, 사업보고서, 대차대조표, 손익계산서, 잉여금 처분안 등이 그것이다.

이 자료들은 농협법에 따르면 언제나 사무소에 비치해 두어야 하며, 조합원들은 자유롭게 열람할 수 있다. 만약 댁에서 꼼꼼히 검토하겠다고 생각하여 복사해 달라고 하면 실비만 받고 복사해 주어야 한다. 이 외에도 이사회 회의록과 대의원총회 회의록도 직원에게 이야기하면 열람하고 복사할 수 있다.

위에서 이야기한 중요 정보 이외에 이사회 회의 자료나 보다 상세한 회계 관련 자료들을 열람하고자 하면 조합원의 3% 이상이나 100명 이상의 동의를 받아 조합에 신청하면 된다.

이들 정보 가운데 대차대조표와 손익계산서는 어느 정도 공부를 해야만 이해할 수 있으며, 농협의 여러 정보들도 법과 정관, 제도, 협동조합의 원리를 알아야 옳고 그름, 문제점과 개선방향을 따질 수 있다.

따라서 조합원 가운데 협동조합에 관심이 있고, 농협을 위해 더 많은 역할을 하려는 분들은 함께 모여 정기적으로 학습을 하는 것이 필요하다. 학습을 하는 데 필요한 자료는 협동조합연구소 홈페이지나 농협중앙회 홈페이지, 한농연과 전농 등 농민단체의 홈페이지에서 구할 수 있고, 연구소로 연락하면 필요한 정보를 제공해 드릴 수 있다.

농협 살림살이 정보 : 경영공시자료와 종합경영평가를 확인

조합원 자신이 소속된 농협이 얼마나 잘 역할을 하고 있는지 객관적으로 파악하는 것은 쉬운 일이 아니다. 이를테면 조합에 찾아가 '왜 영농자재 가격이 올랐느냐?' 고 물어도 국제곡물가격과 원유가격이 올라서 어쩔 수 없다고 하면 딱히 따질 말이 없다. 또 '우리 농협이 올해 결산을 해보니 당기순이익이 10억이 났다.' 고 해도, 다른 농협보다 직원들이 열심히 해서 그런 건지, 원래 다른 농협도 그 정도 수준인지 확인하기가 쉽지 않다.

대출 금리, 영농자재의 가격, 농축산물수수료 체계, 농산물 판매의 평균가격 등도 쉽게 비교하기가 어렵다. 농협에서 제공하는 각종 여러 자료에도 타 농협과 비교할 수 있는 정보가 없기 때문이다.

올해 농협의 사업이 얼마나 잘되었는지를 보려면 농협에서 제공하는 경영공시 자료들을 비교해 보면 된다. 재작년, 작년에는 얼마인데 올해는 얼마인지 따져 보는 것만 해도 농협이 어떻게 흘러가는지 쉽게 파악할 수 있다.

또한 농협중앙회가 매년 전국의 모든 농협을 대상으로 실행하는 '종합경영평가'가 있다. 다음에 예시된 항목들을 평가하여 매년 농협을 등급별로 나눠서 발표한다. 평가된 정보는 농협에 제공되므로 이 평가의 우리 조합의 점수와 해당 유형 농협의 평균 점수, 최우수 농협의 점수 등을 비교하면 우리 농협의 위치를 쉽게 평가할 수 있다.

〈종합경영평가 항목(매년 조금씩 변동 있음)〉

재무관리 (36점)	경영실태평가	자본적정성, 자산건전성, 수익성, 유동성
	자립경영	순자본비율, 배당여력
	성장성	총자산증가율, 매출액증가율
	생산성	직원1인당 매출총이익
농업인 실익사업 (64점)	판매사업	조합원 1인당, 직원 1인당
	구매사업/기타	조합원 1인당, 직원 1인당
	경제사업	경제사업 비중
	상호금융대출	상호금융대출 금리-금리가 낮을수록 점수 높음
	실익성 비용	숙원시설비, 유통지원비, 방역진료비, 복지사업비 등
	영농자재 지원	조합원 1인당 영농자재 무상지원 실적
가감점 (-30~+22)	투명경영(사외이사, 운영평가자문위원회 등), 윤리경영(노동소득분배율, 성과급여 차등적용 기준 이행 등	

다음으로 각종 살림을 얼마나 하고 있는지 확인해보면 우리 농협이 경제사업을 얼마나 잘하는지를 쉽게 알아볼 수 있다. 이는 다음의 4가지이다.

〈경제사업 주요 평가 항목〉

1. 산지유통(일반/전문)조직 · 공동마케팅 조직 선정 여부
2. 채소수급 안정사업, 각종 출하계약사업 수행 여부
3. 쌀/원예/밭작물/과실브랜드 등 브랜드 정책 선정 여부
4. 산지유통시설 운영 평가 순위

농협의 발전이 올바른 **판매사업에 달린 이유**

조합원과 농협의 협동이 판매사업 성공의 열쇠

농협의 판매사업이 형식적인지 실질적인지는 농업인을 둘러싼 농산물 판매의 전체적인 여건을 보면서 판단해야 한다.

1980년대만 하더라도 농업인 대부분이 트럭이 없을 때 농협 운송차량으로 마을을 돌면서 순회 수집하여 도매시장으로 보내는 것은 훌륭한 판매사업이었다. ARS 서비스가 없었을 때는 농민신문에서 도매시장 경락 정보를 꼼꼼히 제공하는 것도 가뭄에 단비 같은 유통정보였다. 도매시장에 같은 농협 박스로 경매에 참가하는 것만 해도 농민의 소득을 올릴 수 있는 때가 있었다.

하지만 이제 시장과 정보 여건이 변하면서 농산물 유통은 점점 경쟁이 치열해지고 있으며, 대형마트 중심으로 유통 구조가 변화하면서 산지 유통에서 농협이 담당해야 할 몫도 갈수록 커지고 있다. 지금과 같은 상황에서 농가가 선택한 도매법인에 물건을 보내고, 경매 결과에 따라 금액만 정산해주는 데 머물러 있으면 '농협이 판매사업을 형식적으로 한다' 라고 비판받을 수 있다.

하지만 앞서나가는 농협은 이미 다양한 판매활동을 통해 농민조합원의 농산물을 높은 가격으로 팔기 위해 노력하고 있다. 수십억 원을 투자하여 선진국 농산물 선별장을 운영하는 농협도 있으며, 높은 품질과 상품화 마케팅 전략을 바탕으로 대형 유통업체와 대등한 관계에서 거래하는 농협도 있고, 나아가 더 좋은 품질을 만들기 위해 판매사업과 구매사업, 지도사업을 통합시켜 전국 최고의 성과를 만들어 내는 사례도 있다.

판매사업은 반드시 농업인 조합원과 농협이 단단히 뭉칠 때만 발전할 수 있다. 농협의 판매 사업이 발전하려면 농업인 조합원이 협동심을 가지고 잘 조직되어야 한다. 결국 농협의 미래를 결정하는 것은 농업인 조합원이 어떤 마음가짐을 가지고 있는가에 달려 있다.

공동선별, 공동계산 : 반드시 필요한 시스템

WTO 출범 이후 외국농산물이 개방되고 심지어 무게 때문에 불가능할 거라는 배추조차도 절임배추로 가공되어 수입되고 있다. 외국농산물이 낮은 가격을 무기로 국내시장을 잠식해 가고 있는 지금 우리 농산물이 시장에서 경쟁하려면 품질 경쟁력뿐만 아니라 정확한 규격과 안정적인 품질, 안전성이 필수이다. 나아가 최근에 각광 받고 있는 '이력추적제' 등 소비자에게 신뢰를 줄 수 있는 정보를 전달할 수 있도록 해야 한다. 이런 것을 통틀어서 '비가격경쟁력' 이라고 하며, 이는 우리나라 농가 같은 소규모 농가가 단독으로 하기는 어렵다.

따라서 여러 농가가 힘을 모아 공동으로 선별하고 공동으로 계산하는 체계를 짜서 '충분한 물량이 되는 얼굴 있는 농산물' 을 만들어야 한다. 이런 의미에서 공동선별 · 공동계산은 하면 좋고 아니어도 좋은 선택 사양이 아니라 꼭 해야만 하는 '필수' 이다.

공동선별 · 공동계산은 반드시 달성되어야 할 농협의 판매시스템이지만 쉽게 만들어지지는 않는다. 생산기술이 뛰어난 농가들은 기술력이 떨어지는 농가들과 함께 선별하고 계산하면 손해 본다는 생각을 가지고 있으며, 규모가 작아서 농가가 직접 선별하고 포장하는 농가는 농협에 맡기면 비용이 더 들어간다고 꺼릴 수 있다. 하지만 성공적인 모범사례를 보면 공동선별 · 공동계산이 잘 정착되면 전체적인 기술수준이 높아져 모두에게 도움이 되며, 선별장이 효율적으로 운영되고 각종 지원을 연결하면서 문제를 해결해 나갈 수 있다.

최근 정부나 농협의 정책은 공동선별 · 공동계산을 활성화시키도록 설계되고 있다. 정부는 각종 브랜드 정책을 개발하고 있으며, 농협도

2009년부터 112대책을 제시하고 '공선(공동선별)출하회' 를 적극적으로 육성하고 있다.

이거 알아요?

농협의 일부 농자재가 비싸다고요?

조직력을 키우고 연합구매사업을 펼쳐야 하는 이유

협동조합 최초 성공사례였던 로치데일 협동조합은 소비재 구매사업으로 시작했다. 조합원 모두가 농자재를 구입하면 교섭력이 높아지고, 그 결과 유리한 구매 조건으로 구입함으로써 조합원들의 비용 절감, 수익 향상이 이뤄지는 것이 구매사업의 원리이다.
농협에서 구매하는 농자재가 항상 비싸다는 말은 사실이 아니다. 농협에서 구매하는 농자재의 가격이 싼 것도 있고, 비싼 것도 있다. 수도작 농약과 비료는 농협계통 구매가 가장 저렴하다. 일부 농자재가 비싼 경우가 간혹 있고, 품질 차별성 부족, 전문적인 정보를 제공하지 못하는 직원의 문제점이 겹쳐 그러한 편견이 퍼졌을 수 있다.
농협은 전국의 공급망과 230만 농업인 조합원이 있지만 실제 구매사업을 할 때는 이런 조직력이 잘 발휘되지 않는다.

일본의 경우 농업인 조합원이 겨울철 농한기에 농협의 담당자와 올해 지을 농사와 구매할 자재의 예상량 등을 사전에 충분히 협의하여 농협의 구매는 '어느 정도 확정된 물량'을 가지고 계약을 하게 된다. 반면 우리나라의 계통구매는 이런 물량에 대한 충분한 사전정보 취합이 없는 상태에서 이뤄져 어떤 경우에는 일반 대리점보다 비싼 원가로 구매하기도 한다.

협동조합의 구매사업이 경쟁력을 갖추려면 농민조합원들이 구매할 농자재를 농협에 알려 주어야 하며, 공통의 자재를 같이 사겠다는 합의가 있어야 한다. 이를 위해 사전에 영농계획을 농협과 함께 짜야 한다. 또한 농협도 구매와 지도, 판매를 동시에 할 수 있는 전문가를 확보하고 전문성을 계속 키울 수 있도록 배려해 주어야 한다.

읍면 단위 개별 농협만으로 협상이 힘들면 시군 관내 농협의 물량을 모두 모아 협상하면 힘이 커질 수 있다. 이를 '연합구매사업'이라고 하는데 15년 전부터 일부 시군에서 시작하여 점차 확대되고 있다.

시대변화에 발맞추는 **농협중앙회의 사업 분리란?**

사업 분리는 변화하는 시대의 적응과 발전 동력을 위한 것

어릴 때 입던 옷은 몸이 자라면 다른 옷으로 갈아입어야 하며, 여름철에 입던 옷을 겨울에 입을 수는 없다. 농협중앙회의 신용사업과 경제사업의 분리(사업 분리)는 이처럼 변화발전의 과정에 자연스럽게 적응하기 위한 것이다.

농산물 수입개방, 소비자시장의 변화에 따라 1970~80년대의 농협과 달리 수매만 잘하거나 도매시장에 농협마크를 달고 물건을 출하하는 것만으로는 농업인의 소득을 높여줄 수 없게 되었다. 시장의 변화와 소비자들의 눈높이에 맞추는 새로운 경제사업이 농협을 통해 추진되어야 농협의 존재의의가 있을 것이다.

하지만 경제, 은행, 상호금융, 교육지원 사업을 한 조직에서 하는 복합 사업조직인 농협중앙회는 이런 변화에 적응하기에는 너무 크고 복잡하게 되어 버렸다. 신용사업 중심으로 운영되다보니 경제사업과 교육지원 사업이 상대적으로 등한시되었고, 조직운영의 비효율도 나타

났다. 그래서 농협중앙회는 스스로 다음과 같이 평가했다.

△ 성격이 다른 사업 부문이 공존하여 성과평가가 엄정하거나 성과를 명확하게 계산하는 데 실패했다.
△ 직군 구분 없이 인력을 통합적으로 운영하여 사업부문별 전문가를 육성하는 것이 어려웠다.
△ 연공서열, 온정주의, 권위주의 등 부정적인 조직문화가 일부 존재했다.

이런 문제들을 구조적으로 해결하고 농협 본연의 역할을 제대로 수행하기 위해서는 농협중앙회의 사업 분리를 통해 경제사업의 새로운 발전 동력을 만들어낼 필요가 있다.

게다가 갈수록 은행업계가 대형화와 수익다각화를 추진하고 있는 반면에 농협은행은 자본금 확충이 어려워 장기적으로 경쟁력이 약화되고, 수익기반이 약화될 수 있다는 우려가 있다. 또한 국제회계기준이 변경되어 2014년부터는 협동조합의 출자금은 자본이 아닌 부채로 분류되는 등 제도변화에 따른 BIS 기준 하락을 방지하고 원활한 은행업을 유지하기 위해서 농협중앙회도 사업 분리를 동조할 수밖에 없는 상황이 되었다.

사업 분리로 다양한 효과 발생

농협중앙회가 사업 분리된 후 현장에서 가장 궁금해 하는 것은 일선조합도 함께 사업 분리가 되는지 여부이다.

결론적으로 일선조합은 사업 분리가 되지 않는다. 지난 10년간 진행된 농협중앙회 사업 분리 논의에서도 그렇고, 농협법 개정안에도 일선조합의 사업 분리는 전혀 들어가지 않았었다.

읍면 단위 지역농협이 대다수를 차지하고, 절반 이상의 농가가 여전히 소농구조이며, 품목농협이 상당수 많이 설립된 현재의 농업 여건에서 법에 의해 일선조합의 사업 분리를 강행하게 되면 부작용이 더 크게 발생할 가능성이 크다.

일선조합의 사업 분리가 강제로 진행되면 현재 농업인 조합원에게 어떤 수준으로든 혜택을 주고 있는 지역종합농협은 사라져버리고, 신협이나 새마을금고와 다름없는 지역신용협동조합 하나와, 경제사업의 협동을 충분히 동의하지 않은 조합원 수만 많아 사업은 어렵고 관리 비용만 많이 드는 영농조합법인 하나만 남게 되는 결과를 가져오게 된다. 이는 농업인 조합원은 물론이고 우리나라 농업계 전체에 부정적인 영향을 끼칠 것이다.

일선조합의 법인이 분리되는 일은 없지만, 농협중앙회의 분리로 다양한 변화의 효과가 일선조합에 불어올 것이다. 농협중앙회의 은행사업이 금융지주로 분리되면서 이전과 같이 은행사업의 수익을 경제사업이나 상호금융에서 정확한 원칙 없이 공유하여 적자요인을 감추는 일은 사라질 것이다. 그만큼 농협중앙회의 모든 사업이 투명해지고, 원칙이 더 잘 적용될 것이다. 농협중앙회 사업의 원칙을 만드는 것은 궁극적으로 농업인 조합원의 몫이지만 변화된 여건이 우리 농협에 어떤 영향을 끼칠지 잘 파악하고, 사전에 적절한 대응을 할 필요가 있다.

회원조합의 거래비용 절감 효과 발생

회원조합의 입장에서 중앙회 사업을 통한 수직적 통합에 따른 이익은 무엇일까? 이는 거래비용의 절감에서 찾을 수 있다.

거래비용이란 타 업체와의 거래에 따르는 제반비용을 가리킨다. 여기에는 매번 적당한 거래업체를 선정하고 계약해야 하는 비용, 거래가 체결되도록 하는 데 드는 로비 비용, 안정적인 거래관계를 유지하는 비용, 안정적이고 확실한 대금지급을 확보하는 데 드는 비용 등이 포함된다. 회원조합은 중앙회와의 전속거래를 통해 타 업체와 거래하는 것에 비해 이러한 비용을 상당 부분 절감할 수 있다.

협동조합 지식 UP!

농협법 개정으로 무엇이 달라졌나?

2009년에 개정된 내용은?

농협법은 농협의 운영에 지대한 영향을 미친다. 농협의 정관이나 각종 규정은 농협법에 위배되면서 만들 수 없기 때문에 농협법의 핵심 변경 내용을 이해하는 것은 조합원이 농협의 주인 노릇을 하기 위해서 꼭 필요한 일이다.

2009년에 개정된 농협법 중 일선조합과 관련된 내용만 정리하면 다음과 같다.

1. 지역농협의 업무구역이 시군단위로 넓어졌다. 따라서 시군 관내 농협끼리 업무 구역이 중복되어 조합원은 어떤 농협이라도 조합원으로 가입할 수 있게 되었다.

2. 약정조합원 제도가 마련되어 농협에서 약정조합원으로 가입하면 이용고배당이나 수수료 등에서 혜택을 누릴 수 있다. 다만 출하 약정 등을 성실히 수행

해야 한다.

3. 유통사업 손실 보전에 대한 지자체의 지원을 법제화 하였다. 농협의 유통사업 손실이 발생할 경우 지자체에서 예산으로 지원할 수 있도록 했다.

4. 조합 상임이사의 자격조건을 완화하여 경제사업 전문가도 상임이사가 되도록 했으며, 조합 공동 사업법인에 대한 중앙회 출자도 가능하도록 만들었다.

5. 대의원과 임원, 조합장의 출마 자격요건을 강화하였다. 조합뿐만 아니라 중앙회에도 500만 원 이상 6개월 연체가 되면 출마할 수 없게 되었고, 조합 사업 이용 실적이 일정수준보다 낮으면 출마할 수 없게 되었다. 예를 들어 판매사업 참여 실적이 조합 평균의 40% 미만이면 출마할 수 없다.

6. 농협 자산이 2,500억 원을 넘으면 조합장은 의무적으로 비상임조합장으로 전환되어야 한다. 농협경영의 전문성을 강화시키고 조합장 선거의 과열을 방지하기 위해 도입하였다.

이러한 법 개정에 따라 각 일선조합의 정관도 개정되었다. 대의원 출마를 염두에 둔 사람은 꼭 구체적으로 조합 정관을 검토하고 조합에 요청하여 이용실적과 연체상황을 점검할 필요가 있다. 농업협동조합법의 주요 개정사항을 요약하면 다음과 같다.

① 시군단위 조합선택권 확대

② 약정조합원제도 도입

③ 품목조합의 광역시조합 조합원 가입

④ 유통사업 손실 보전제도 지원 법제화

⑤ 상임이사 자격요건 경제사업 전문가에게 완화

⑥ 상임이사 임기 2년(이전 4년)

⑦ 자산 2500억 원 이상 조합 비상임조합장 의무화

⑧ 사업이용실적 낮은 임원의 대의원, 임원 출마 제한

⑨ 조합공동사업법인의 중앙회 출자 허용

아하! 그렇구나!

농협의 교육사업, 이래서 중요

농협이 조합원의 경제적, 사회적 욕구의 충족이라는 본연의 목적을 달성하자면 신용과 경제, 교육지도사업이 상호 유기적으로 연관되어야 한다. ICA(국제협동조합연맹)뿐만 아니라 우리나라 협동조합법 제60조에도 조합원에 대한 교육을 실시하여야 한다고 규정하고 있다.
우리나라와 같은 지역종합농협 체제 하에서는 전문조합과는 달리 조합원의 동질성이 떨어지고 때로는 조합원 상호 간의 이해관계가 충돌하는 현상이 나타날 수 있다. 이런 문제를 효과적으로 해결하기 위해서는 협동조합의 운영원칙과 방법에 대한 교육을 지속적으로 실시하는 것이 꼭 필요하다. 교육사업과 영농지도사업은 다음과 같은 의미가 있다.

- 교육사업이란?

: 농협의 목적과 사업에 대해 충분히 이해하도록 함으로써 조합원 스스로 협동의 필요성을 자각하고 민주적으로 조합을 운영할 수 있는 능력을 배양하는 사업

- 영농지도사업이란?

: 농가의 영농활동과 생활 활동에 대한 방향을 제시하고 조합원들이 주체적으로 행동하게끔 유도하는 협동적 실천 활동

종합농협 체제에서 조합원의 동질성을 위해 반드시 필요

농협의 모든 사업은 교육지원사업과 튼튼하게 연계가 되어야 그 효과가 높아진다. 예를 들어 판매사업을 잘하려면 농가의 영농기술 수준이 높아져야 하는데 이것이 바로 영농지도사업 영역이다. 교육을 꾸준히 실시하여 농가의 영농 계획이 잘 수립되어야 구매사업도 체계적으로 추진할 수 있다.

교육사업의 모범으로 꼽히는 고삼농협은 1994년 조합원 전수 조사를 통해 모든 조합원의 현황을 파악하고 그에 따라 농협의 장기발전계획을 수립하였다. 이후 4년마다 조합원 현황을 조사하여 조합원과 농협의 상생방안을 만들어 왔다. 신규조합원에 대한 협동조합교육, 농촌형 사회적 기업을 설립하여 지역사회의 일자리 만들기를 전국 최초로 진행하는 등 다양한 교육사업의 모범사례를 만들고 있다.

농협이 시장경쟁에서 **살아남으려면?**

: 정부, 유통, 가격의 생존방안

민주성, 효율성, 공익성을 모두 충족시켜야

농협은 시장경쟁에서 생존하기 위해 효율성을 강화해야 하는 현실적인 목표와, 정부정책을 대행하는 입장에서 공익을 대변해야 하는 이념적인 당위성 사이에서 갈등하는 모습을 자주 보이고 있다.

이러한 갈등을 현명하게 극복하는 방안은 무엇이 있을까?

사실 협동조합의 저력은 빠름 속에 원칙을 중시하는 조용한 성장에서 나온다. 나름 최선을 다하고 있는데 더 빨리 흘러가라고 강물의 등을 떠밀어낼 수는 없다. 그런 의미에서 협동조합은 조합원과 시장, 정부를 연계시키는 매개체 역할을 잘해야 한다. 현실에서는 이 과정 속에서 민주성과 효율성, 공익성이 자주 충돌한다.

협동조합은 조합원의 민주적인 요구와 시장의 효율성 요구, 정부의 공익성 요구를 동시에 충족시켜야 하는 어려움에 직면하고 있다. 한국 농협의 올바른 모습을 정립하기 위해서는 무엇보다도 역사 속에서 발전되어 온 한국농협의 특수한 패러다임에 대한 이해를 높이고, 어느 한쪽의 주장만을 일방적으로 추종하기 보다는 이것들을 조화롭게 만들어 나갈 수 있는 지혜를 강구해야 할 것이다.

정부와 농협의 긴밀한 협조체제가 필요

다른 분야보다 농업 분야의 협동조합은 정부와 밀접한 관계를 유지하는 경우가 많다. 정부는 농산물 가격안정을 위한 정책 실시에 있어서도 협동조합과 긴밀한 협조관계를 갖고 있다. 그리고 선진국보다는 개도국의 협동조합이 정부의 영향을 많이 받게 된다.

서구 농협의 경우 유통명령제 등 정부의 제도적 장치를 토대로 협동조합이 수급조절사업에 참여하고 있으며, 한국 농협은 정부의 자금지원을 토대로 자율적 수급 안정 사업을 수행하는 점에서 차이가 있다. 농산물 수급안정과 관련하여 한국 농협에서는 품목별 전국연합회의 중요성이 강조되고 있으나, 서구의 경우 품목연합회 방식의 시장지배력 접근은 이미 쇠퇴하고 있는 실정이다.

한국 농협의 정체성은 정부와의 관계가 중요한 요소가 된다. 실제로 한국 농협은 설립 당시부터 오늘날까지 협동조합 입법과 농업정책 사업의 수행이라는 측면에서 정부와 매우 밀접한 관계를 갖고 있다.

정책사업은 농협의 입장에서 보면 물량의 조달과 공급이 정부 책임 하에 이루어지므로 사업이 안정적이며, 농협은 대행 수수료를 받고 그 수익을 조합원에게 환원해 줄 수 있는 효과가 있다. 또한 정책사업의 취급으로 사업량의 확대를 통한 경영기반을 다질 수 있으며, 이들이 농협의 자체사업으로 전환될 때 활용할 수 있는 귀중한 경험을 쌓게 된다.

정부의 입장에서 보면 농용자재의 생산과 배분, 농산물 유통과 가공, 농업자금의 공급 등을 이윤 추구를 목적으로 하는 민간 기업에 맡길 경우 불공정 거래가 발생하거나 독점력 행사로 농업인이 피해를 입을 가능성이 크다고 할 수 있다. 정부가 농협을 통하여 정책 사업을 추진할 경우 생산자 단체인 농협을 지원한다는 명분과 함께 정책 추진의 효율성을 높일 수 있을 뿐만 아니라, 정부기관을 따로 설립할 필요도 없어 예산을 절감하는 효과가 있다.

농협이 정부 정책사업을 수행하는 과정에서 초기에는 자체사업은 과소하고 정책사업의 비중은 과다하다는 비판도 없지 않았으나, 그동안 자체사업을 지속적으로 개발, 확충함으로써 이러한 비판은 해소되었다. 우리나라 농업과 농촌의 현실을 고려해볼 때 정부와 농협은 종전보다 더욱 긴밀한 협조 체제를 유지하는 것이 필요하다.

국제화, 개방화 등으로 무한경쟁의 시대에 들어선 농업과 농촌을 살리기 위해 정부는 농협에 대한 재정적, 제도적 지원을 계속 확대해 나가야 할 것이며, 농협은 농업인 조합원에게 실익이 되는 정책사업을 적극 지원하고 수행해 나가야 한다.

새롭고 창조적인 유통방법을 찾아야 하는 이유

풍년이 들면 좋을 것 같지만 사실은 가격 폭락 때문이 걱정이 태산이 된다. 그렇다면 이 경우 농협이 농산물 유통에서 어떠한 역할을 하면 문제가 해결될 것인가?

농협도 이제는 창조적인 눈으로 농산물 유통을 바라봐야 한다. 이를테면 산지유통과 소비지유통에 있어서 물류의 효율성을 극대화하여 국내농산물 수급조절을 통한 새로운 가격안정화 방법을 모색해야 된다.

예전에는 풍년이 들면 '더 먹기 운동' 을 전개했지만 이제는 그것도 한계에 다다랐다. 국민들이 먹는 양을 점점 줄여가는 마당이라 '더 먹기 운동' 이 더 이상 먹히지 않기 때문이다. 따라서 이제는 배추나 쌀을 다른 곳에 활용할 방법을 찾아, 풍작이 되어도 다 소비할 수 있는 여러 가지 방법을 찾아야 한다. 원물 위주로 유통하기 보다는 가공상품 개발은 물론 창조적 유통을 시도해야 한다.

농촌형 사회적 서비스로 사업성과를 거둔 고삼농협 사례

고삼농협의 경우 사회적 기업인 (유)생명농업지킴센터가 농협과의 협력관계를 강화하며 다양한 서비스 업무를 3개 부문으로 결합하여 운영하고 있다.

(유)생명농업지킴센터의 직원들인 농업인 조합원들이 30여 개 초등학교에 학교농장을 조성해주고, 초등학생들에게 농업(작물재배)과 농촌 전통문화(쌀겨 비누 만들기, 천연염색) 체험 사업을 실시하고 있다.

이와 같이 고삼농협은 2008년 사회적 기업 인증을 획득한 후 관내 취약계층 조합원과 주민에게 일자리도 창출해주고, 도농 교류 학교농장 사업, 친환경 농자재 가공사업, 농산물 유통사업 등 농촌만이 제공할 수 있는 농촌형 사회적 서비스를 핵심역량으로 다양한 사업성과를 거두고 있다.

한국 농협 vs 해외 농협, **어떻게 다를까?**

: 유럽, 미국, 일본, 대만과의 차이점

협동조합의 형태는 각국의 토양과 자본주의 역사에 따라 다르다

협동조합은 나라마다 나름대로의 조직과 운영방식을 지니고 있다. 그 중에는 협동조합의 전통적인 운영 원칙에 충실한 것도 있는 한편, 기업과의 경쟁 속에서 주식회사의 경영방식을 도입한 협동조합도 있다. 또 정부에 의해 정책적으로 설립되어 정부사업을 주로 대행하는 것이 있는가 하면, 협동조합의 자주·자율성을 지키기 위해 정부의 지원을 받지 않는 협동조합도 있다. 이밖에 농업협동조합이 주류를 이루는 나라가 있는가 하면, 소비자협동조합이나 신용협동조합이 주류를 이루는 나라 등 국가에 따라 각각 상이하다.

나라마다 다른 이유는 뿌리를 박고 있는 토양 즉 자본주의의 발전과정과 그 수준이 다르고, 시민사회의 형성과정이나 정치구조, 그리고 국민의 의식 수준이 상이할 뿐만 아니라 협동 관행의 경험도 차이가 있기 때문이다.

한국 농협은 영세소농 구조를 중심으로 하는 농업의 특수성을 기초로 하여 독점자본과 농업인과의 관계, 정부의 농업 · 농협에 대한 정책구조, 정치 · 경제 · 사회의 민주화 과정 등에 영향을 받아 오늘의 모습으로 형성되고 발전해 온 것이라 할 수 있다.

일본 농협 : 합병을 통한 경쟁력 강화

일본 농협은 종합농협을 더욱 강화하는 방향으로 나아가고 있다는 점에서 한국 농협과 비슷하다. 조합원의 요구는 농업뿐만 아니라 비농업적인 부문에서도 더욱 커지고 있으며, 지역경제 활성화를 위한 다양한 사업이 요구되기 때문이다.

일본 농협은 설립 당시 독일 라이파이젠 협동조합을 모델로 한 산업조합을 계승하면서 다양한 이해관계를 포용하는 방향으로 조직이 설립되었다. 회원농협은 종합농협과 전문농협으로 이루어져 있고, 연합회도 종합농협 연합회와 전문농협 연합회로 이루어져 있다. 중앙회는 현 단위 조직과 전국단위 조직으로 구성되어 있다. 지금은 현 연합회가 전국연합회와 통합되어 있다.

일본 농협의 협동회사 설립은 1948년 기존의 농업회 해산과 함께 농협이 승계한 농촌 공장의 경영부실을 해소하기 위한 방편으로 자회사를 설립한 것이 계기가 되었다. 1970년대에는 유통업체의 농촌 침투에 대응하여 생활물자 부문의 자회사가 설립되었다. 1988년 이후에는 회원농협을 중심으로 광역 합병이 진전되고 합병 후의 사업 및 조직재편의 일환으로 한 자회사가 설립되고 번성했다. 1994년에는 농업생산법인에 대한 농협의 출자가 가능해짐에 따라 농작업 수탁회사 설립이 주류를 이뤘다.

일본 농협도 한국 농협과 마찬가지로 농촌 경제를 회생시킬 목적으로 정부의 정책사업을 대행하고 있다는 점이 특징이다. 농촌지역을 기반으로 한 지역 농협의 위상을 강화하고 있으며, 특히 지속적인 합병을 추진하고 있다. 예컨대 중앙회가 회원농협과 공동으로 합병농협에 대한 경영컨설팅을 실시하여 합병의 효과를 높이기 위한 노력을 지속적으로 하고 있다. 또한 한국 농협과 마찬가지로 경제사업의 적자를 신용 · 공제(보험)사업의 흑자로 보전하고 있는 실정이다.

일본 농협은 1998년 1,833개로 감소했던 종합농협을 지속적인 합병한 결과 2010년 1월 현재 730개가 되었다. 종합농협 부문에서는 우리나라가 우위에 있지만, 전문농협 부문에서는 일본농협에게서 배울 점이 많다. 특히 지속적인 합병을 통해 경쟁력 강화를 위해 노력하는 점을 배워야 할 것이다.

비슷한 점과 차이점을 두루 갖고 있는 한국, 일본, 대만 농협

한국, 일본, 대만의 농업은 비슷한 점이 많지만, 각 나라의 농협이 가지고 있는 특징을 보면 차이점 또한 많다. 비슷한 점과 차이점은 다음과 같다.

〈일본, 대만 농협과 한국 농협의 비슷한 점〉

- 농가의 규모가 영세하다.
- 다양한 작목을 재배한다.
- 정부의 농촌개발정책과 더불어 종합농협을 중심으로 발전해왔다.
- 신용사업의 수익으로 경제사업의 적자를 보전하고 지도사업비를 충당하고 있다.

〈일본, 대만 농협과 다른 점〉

- 전체적으로 볼 때는 일본, 대만이 종합농협 체제를 먼저 시작했다고 볼 수 있다.
- 종합농협 부문에서는 우리가 우세에 있지만, 전문농협 부문에서는 우리가 일본, 대만에 비해 뒤처지고 있다.

유럽 농협 : 기능별 조합, 높은 시장점유율, 경쟁력

한국 농업은 생산구조가 평균경지면적 1~3ha 안팎의 소농구조이고 복합영농이 주류를 이루어 농협이 종합농협시스템을 특징으로 하고 있는 반면, 유럽 농협은 기능별 조합인 경우가 많다.

유럽 연합 협동조합의 농업 부분 시장점유율은 매우 높은 편이다. 네덜란드 83%, 핀란드 79%에 달하는데, 이와 같은 시장 경쟁력을 우리나라 농협도 배울 필요가 있다. 이를 위해서는 생산자와 소비자 간의 교류확대 및 상호간 이해를 증진시켜 자회사를 활용한 유통시스템을 강화하여 지역경제 활성화에 기여해야 한다.

미국 농협 : 발상의 전환과 글로벌 브랜드화

미국 농협도 기능별 조합, 특히 판매조합인 경우가 많다. 미국의 신세대 협동조합의 경우 포장, 가공 등의 새로운 부가가치창출을 통해 조합원의 실익을 증대하고자 하는 새로운 형태의 협동조합운동이다. 이러한 환경변화에 대한 발상 전환, 그리고 골든젬, 선다이아몬드, 썬키스트 등의 글로벌 브랜드화 전략을 배울 필요가 있다. 브랜드가 강해야 프리미엄을 받을 수 있기 때문이다.

협동조합 지식 UP!

전환기를 맞이한 유럽 농협의 최근 동향

유럽의 농협은 현재 전환기를 맞고 있다. 공동농업정책(CAP)의 개혁과 WTO협상 등으로 농업 및 농협에 대한 정부의 지원이 감소하고 있고, 농업을 둘러싼 시장 환경은 더욱 경쟁적으로 변하고 있다. 농업 관련 산업에서 새로운 기술개발과 더불어 소비자의 소비행태도 변화되고 있으며, 생산과 유통 부문에서 기업집중과 기업 간 합병이 진행되고 있다.

이러한 시장여건의 변화에 적응하지 못한 농협들이 도산하는 경우도 발생하고 있으며, 많은 농협들이 합병, 자회사화, 주식회사로의 전환, 민간기업과의 합작투자 등 생존을 위한 새로운 사업전략을 모색하고 있다. 이들이 주는 시사점을 잘 음미하고 타산지석으로 삼는 지혜가 필요하다.

〈유럽 농협의 조직형태별 특징〉

조직형태 조합원제도	전통적인 조합 형태	주식회사 형태	자회사 형태	부분적 주식 매매 허용	주식참여형태
가입 · 탈퇴	자유	가변적	가변적	제한	자유
개인의 지분인정	없음	있음	투자자에게만	있음	투자자에게만
자산 평가	없음	있음	있음	있음	투자자에게만
투표권 배분	평등 배분 (1인1표)	주식수에 비례	조합원:이용량 투자자:주식수	이용량과 주식 수에 비례	조합원:이용량 투자자:주식수
의사결정권 주체	조합원	투자자	출자조합의 조합원	조합원	조합원
외부인의 자본 참여	없음	있음	있음	제한 또는 의결권 없음	있음
전문경영인 참여	없음	있음	있음	있음	선택적
조합원(회원)의 자기자본 기여	모든 조합원이 공평하게	주식수에 비례	출자조합 내 조합 원은 공평하게	이용량에 비례	공평하게
잉여분배 기준	이용량	주식수	조합원:이용량 투자자:주식수	이용량 또는 주식수 기준	조합원:이용량 투자자:주식수

희망을 주는 **농협의 미래**

농협법 1조에는 농협의 목적에 대해 다음과 같이 명시하고 있다.

'농업인의 자주적인 협동조직을 바탕으로 농업인의 경제적 · 사회적 · 문화적 지위를 향상시키고 농업의 경쟁력 강화를 통하여 농업인의 삶의 질을 높이며, 국민경제의 균형 있는 발전에 이바지함을 목적으로 한다.'

농업인 조합원이 희망하는 농협은 이런 목적이 잘 달성되어 조합원이 만족하며, 농사를 지으며 살아가는 데 쪼들리지 않는 상태를 어느 누구보다 잘 만들어 주는 든든한 받침대가 되어주는 농협일 것이다.

농업인 조합원이 주인 노릇을 하며, 조합원 개개인의 합리적인 의견이 조합 운영에 잘 반영되고, 구매사업부터 판매사업까지 망설이지 않고 농협을 찾아 이용하고, 자금이 필요할 때 농협이 지도금융을 통해 가장 효율적으로 사업계획을 수립하고 제때 대출을 해주는 농협.

농산물수입개방으로 높은 값은 받지 못해도 생산비는 보전할 수 있는 가격이 안정적으로 유지되고, 만약 생산이 과다하여 가격이 떨어질 것 같으면 전국적인 농협의 네트워크로 출하물량을 조정하거나 폐기하여 가격을 안정화시키는 농협.

단순히 경제적인 이익뿐만 아니라 농촌관광이나 자녀교육. 문화생활까지도 농협의 생활지도사업의 섬세한 마음씀씀이와 지속가능한 사업을 책임지는 농협.

대의원 총회가 축제의 장이 되고, 농협의 이감사와 조합장이 농업인 조합원의 이익을 위해 활기차게 의견을 나누는 이사회가 열리고, 열정적이고 전문적인 농협 직원의 활동을 흐뭇한 마음으로 따라주는 조합원이 모인 농협.

이처럼 농촌 지역사회의 든든한 버팀목이며, 지역주민에게도 신뢰받고 존경받는 농협을 만드는 일은 농업인 조합원이 주도하여 농협의 임직원과 농촌지역 주민과 함께 만들어가야 할 우리 모두의 과제이다.

[부 록]

1. 농협 교육사업 발전과정

1) 협동조합과 교육

(1) 협동조합교육의 의의

협동조합은 경제적 약자들이 그들의 사회적 · 경제적 · 문화적 지위를 향상시키고 복지증진을 도모하기 위하여 자주적 · 자발적으로 조직한 사회 · 경제단체로서 일반기업과는 달리 그 구성원의 적극적인 참여에 기반을 두고 운영된다. 그러므로 협동조합이 지적인 유지 · 발전을 이루어 나가기 위해서는 조직의 목적과 사업에 대해 충분한 인식을 지닌 조합원이 확보되어야 하며 기존 조합원은 물론 잠재적인 조합원에게 협동조합의 이념을 확산시켜 나가야 한다.

또한 농업인의 자조 · 협동단체인 농업협동조합이 조직활동을 통하여 조합원의 사회적 · 경제적 · 문화적 지위향상을 도모하기 위해서는 무엇보다도 농 · 축협의 구성원인 조합원이 협동의 필요성을 자각하고 민주적으로 농 · 축협을 운영할 수 있는 능력을 갖춰야 하는데, 이러한 능력은 꾸준한 교육활동에 의해 성취될 수 있는 것이다. 따라서 농 · 축협의 구성원인 조합원에 대한 교육은 협동조합의 성장발전에 중요한 의의를 갖고 있다고 하겠다.

협동조합의 역사적 전개과정을 돌이켜 보면 조합원과 임직원에 대한 교육이 전통적으로 매우 중시되어 왔다. 세계 각국의 협동조합법에서는 연도말 잉여금 중 일정액을 교육비로 충당하도록 명시하고 있고, 국제협동조합연맹(ICA)이 정한 협동조합원칙 중 제5원칙에 의하면 "협동조합은 조합원, 임직원들이 협동조합 발전에 효율적으로 기여하도록 교육과 훈련을 실시한다" 고 규정하고 있다. 또한, 농협법 제57조(지역농협 사업), 제106조(지역축협 사업), 제111조(품목조합 사업)에서는 「생산 및 경영능력의 향상을 위한 상담 및 교육훈련」을 각각의 사업범위로 규정하고 있다.

(2) 협동조합교육의 특성

① 협동조합교육은 사회교육이다

협동조합교육은 조합원과 그 가족 등을 대상으로 하는 성인교육이며, 영농 및 생활개선을 위한 지식 및 정보제공과 조직의 구성원인 조합원으로서의 바람직한 역할과 태도변화를 추구하는 사회 교육이다.

② 협동조합교육은 평생교육이다

협동조합교육은 급격히 변화하는 현대사회에 있어서 조합원 자신과 소속집단으로 하여금 계속적인 자기계발과 사회적응을 도모하기 위한 것이며, 가정교육 · 학교교육 및 사회교육을 일관된 평생의 교육과정으로 보고 지속적으로 추진하여야 할 평생 교육이다.

③ 협동조합교육은 생활 향상을 위한 교육이다

조합원의 생활을 향상시켜 그들의 경제적 지위를 높이는 것은 협동조합이 추구하는 목표 가운데 하나이므로 협동조합운동의 근간이 되는 교육은 농가소득을 증대시키고, 증대된 소득이 생활향상과 연결되어 풍요로운 삶을 누릴 수 있도록 하는 실질적인 교육활동이 되어야 한다.

④ 협동조합교육은 지역개발을 위한 선도요원 양성교육이다

농업협동조합이 지역사회의 선도적 역할을 다하기 위해서는 내부 실천조직인 소집단의 활동이 잘 이루어져야 하는데 이는 유능한 지도자(조직장)의 양성에서 비롯된다. 양성된 지도자로 하여금 지역여건에 맞는 개발계획을 세우고 인적 · 물적자원을 조직적으로 활용토록

함으로써 구성원의 능동적인 참여의식과 창의성을 유발하고 농촌지역사회의 발전을 주도해 갈 수 있다.

2) 농협의 조합원 교육

협동조합에 있어서의 교육은 '협동조합운동은 교육으로 시작하여 교육으로 끝난다' 라고 할 만큼 중시되고 있는데, 그것은 조합원에게 교육을 통하여 필요한 내용을 전달하고 이해시키며 실천토록 할 수 있기 때문이다.

일반적으로 조합원 교육의 목적은 크게 다음 3가지로 볼 수 있다.

첫째, 협동조합 이념을 고취시킴으로써 조합원이 올바른 권리와 의무를 행사하도록 한다. 둘째, 조합원의 영농기술, 경영수준 향상 및 정보화 교육을 통하여 영농의 과학화와 협동화를 이루도록 한다. 셋째, 농협과 농협사업의 이해를 통해 조합과의 관계를 밀착화시키고 사업참여도를 제고시킨다.

조합원 교육의 범위는 교육대상자인 농업인 조합원 및 그 가족 등의 영농과 생활 전반으로 그 폭이 매우 넓으며 크게 영농에 관한 사항, 협동조합에 관한 사항, 일상생활에 관한 사항의 세 분야로 나누어 볼 수 있다.

이러한 농협의 조합원 교육은 농 · 축협과 중앙회가 상호보완적으로 각각 실시하고 있다.

(1) 농협의 조합원 교육 발전과정

농협의 조합원 교육 활동은 그 중요성 때문에 농협 창립 이래 중앙단 위, 시군단위, 그리고 조합단위에서 꾸준히 수행되어 왔다. 그러나 체계적이고 본격적인 조합원 교육은 농 · 축협의 성장과 중앙회의 교육전담기구의 확충에 힘입어 1980년대 초반에 가능하게 되었다고 할 수 있다.

종합농협 발족 이후 1960년대 전반까지의 농협 교육사업은 주로 군조합과 중앙회 직원에 대한 교육에 치중하였다. 이 당시의 교육내용은 농협이념의 고취와 새로운 경영 · 관리기술의 습득 및 농촌지도력의 향상에 중점을 두었다.

한편 1960년대 중반부터는 농협의 교육사업이 점차적으로 농업인 조합원과 단위조합 직원을 대상으로 한 교육 · 훈련에 중점을 두는 방향으로 기본방침이 전환되었다. 교육내용은 조합원들에 대한 농협이념 고취, 참여의식 앙양, 농업경영의 개선 등과 단위조합 임직원에 대한 경영관리 능력의 제고가 중심이 되었다. 이와 함께 농촌 자원지도자 · 4H 회원 · 농고생들에 대한 교육도 대폭 확대되었다.

농협의 교육사업이 조직적으로 이루어지기 시작한 것은 1961년 9월 임직원 수련소의 설치에서 비롯되었다고 볼 수 있다. 이 수련소는 1962년 3월에는 농협중앙회 임직원 수련원으로, 이듬에 3월에는 다시 농협중앙회 교육원으로 개편되면서 교육시설이 확충되어 교육 전담 기구로서의 면모를 어느 정도 갖추었으나 전국적인 교육수요를 충족 시키기에는 크게 미흡한 상태였다.

1970년대에는 조합이 읍면단위로 합병되어 사업수행능력이 향상되고 군조합의 업무가 조합으로 이관되어 농협운영이 조합 중심체제로 전환됨에 따라 농협의 교육활동도 조합의 임직원교육에 주력하게 되었다.

1980년대 들어와 농협의 계통조직이 3단계에서 2단계로 개편되고 조합이 지역개발의 핵심주체로서 역할을 할 만큼 성장하게 되었다. 농협사업에 조합원의 적극적인 참여가 요청됨에 따라 조합원에 대한 교육이 활성화되었고, 크게 조합단위와 중앙단위의 교육체계로 나뉘어 교육이 시행되었다.

조합단위에서는

- 현장교육 : 마을(작목반)좌담회, 농업경영기술교육, 선진지 견학
- 소집교육 : 새농민학교(새농민대학), 부녀교실(주부대학)
- 통신교육 : 우리농협소식지 등으로 체계를 갖추고 발전해 왔으며,

중앙단위에서는 1980년대 초에 그 동안 조합 임직원에 대한 교육을 주로 담당하고 있던 경기연수원과 전북연수원을 농협지도자교육원으로 개편하였다. 이후 영남지역(창녕)에도 농협지도자교육원을 개원하여 본격적인 조합원 교육을 실시할 수 있게 되었다.

또한 상업적 영농의 진전에 따른 농업인들의 영농기술습득 수요에 부응하기 위해 1984년 농협대학내에 새농민기술대학을 설립하여 희망농가에 농업기술교육을 실시하였으며, 조합이 현지에서 조합원의 최신 영농기술과 경영욕구에 부합한 농업경영기술교육을 실시할 수 있도록 강사를 지원하였다. 이와 함께 농업인의 자문에 도움을 주기 위하여 1987년 비상설기구로 농업경영기술지원단을 설치 운영하였다. 그 이후에도 여러 차례 교육원 개편을 거쳐 농업인에 대한 교육은 현재 농협내 3개의 농업인 전담교육원(안성 · 창녕교육원, 경주환경농업교육원) 체제로 운영되고 있다.

(2) 농 · 축협 및 시 · 군지부 단위 조합원 교육

1990년대 중반에 국제화 · 지방화 · 개방화와 WTO체제의 출범 등 농업 · 농촌 여건이 변하게 됨에 따라 이에 능동적으로 대처하고, 1980년대의 동일한 교육을 전국적으로 실시하는 획일적인 교육체계가 더 이상 농 · 축협 및 시 · 군지부단위의 현지실정과 부합하지 않는 점을 개선하기 위해 1996년 3월 농 · 축협 및 시 · 군지부 단위 조합원

교육 체계 및 실시방법을 일대 전환하게 되었다.

새로운 교육체계는 교육목적과 내용에 따라 영농(양축)기술 및 농업경영교육, 농협운동 및 사업교육, 생활 및 기타교육으로 구분하고 있다. 이와 관련해 중앙본부에서는 농 · 축협 및 시 · 군지부가 교육주체가 되어 주변여건 변화에 적극 대응하고 지역실정에 부합한 교육을 자율적으로 계획하고 실행할 수 있도록 다양한 교육모델을 지속적으로 개발 제시하고, 일선사무소에서는 지역특성에 맞는 교육을 채택하여 실시하거나 필요한 경우 자체적으로 교육모델을 개발해 실시하는 등 조합원교육 방법을 개선하였다.

2012년 3월초 농협중앙회 사업구조의 개편으로 말미암아 시 · 군지부 단위 교육은 농정지원단이 주축이 되어 실시하고 있으며, 특히 지역농업 상생발전교육(구 · 민관합동교육)을 통해 행정기관, 농업인단체 및 농업인 조합원과 농협 임 · 직원이 함께 상생 발전하는 교육모델을 제시하고 있다.

〈조합원 교육 체계〉

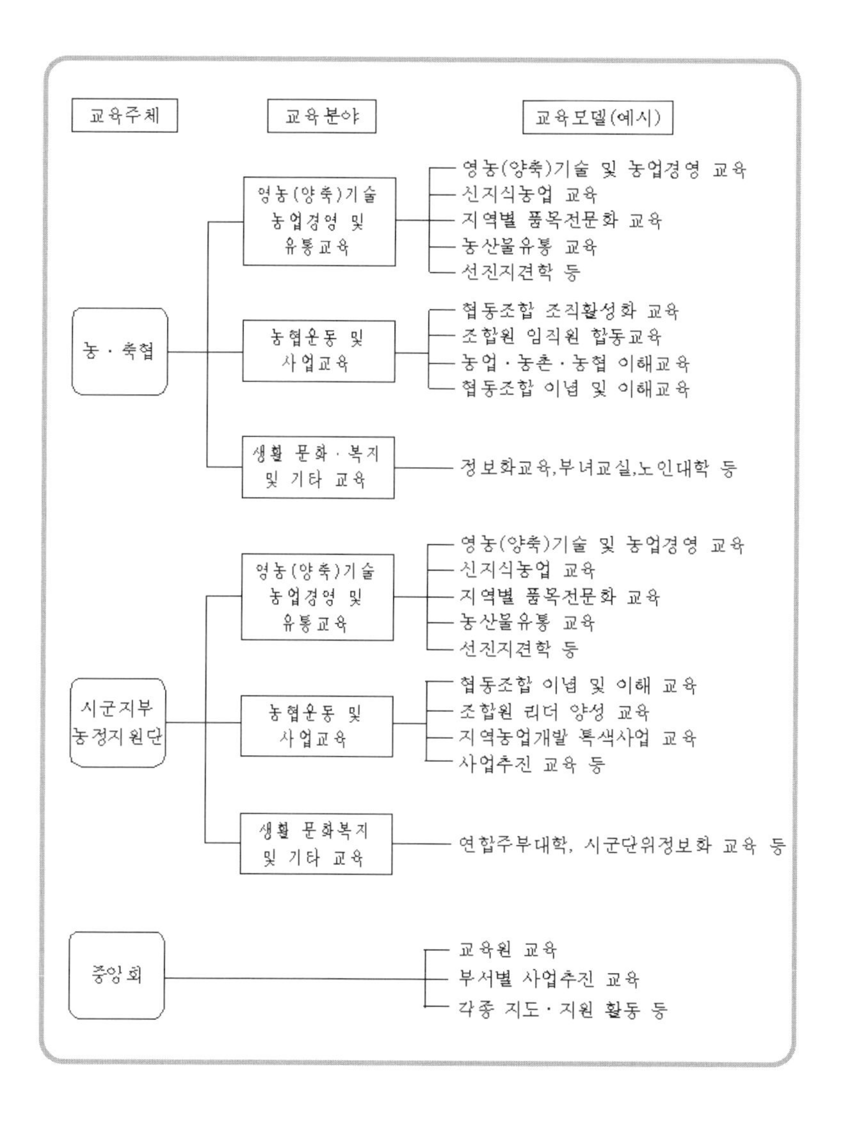

교육주체
교육분야
교육모델(예시)
농·축협
영농(양축)기술 농업경영 및 유통교육
영농(양축)기술 및 농업경영 교육
신지식농업 교육
지역별 품목전문화 교육
농산물유통 교육
선진지견학 등
농협운동 및 사업교육
협동조합 조직활성화 교육
조합원 임직원 합동교육
농업·농촌·농협 이해교육
협동조합 이념 및 이해교육
생활 문화·복지 및 기타 교육
정보화교육,부녀교실,노인대학 등
시군지부 농정지원단
영농(양축)기술 농업경영 및 유통교육
영농(양축)기술 및 농업경영 교육
신지식농업 교육
지역별 품목전문화 교육
농산물유통 교육
선진지견학 등
농협운동 및 사업교육
협동조합 이념 및 이해 교육
조합원 리더 양성 교육
지역농업개발 특색사업 교육
사업추진 교육 등
생활 문화복지 및 기타 교육
연합주부대학, 시군단위정보화 교육 등
중앙회
교육원 교육
부서별 사업추진 교육
각종 지도·지원 활동 등

〈조합원교육의 3분야〉

현지사무소(농,축협, 시군지부)의 지역 특성에 적합한 교육 모델을 채택하여 교육을 실시함(필요할 경우 자율적으로 신 모델을 개발하여 실시).

① 영농(양축)기술 · 농업경영 및 유통교육

영농(양축)기술 및 농업경영교육은 조합원 농가의 주체적 영농(양축)활동을 효율적으로 촉진하고 지원하는 제반 교육활동이다. 그 예로 조합단위의 지역별품목 전문화교육, 영농(양축)기술 및 농업경영교육, 신지식농업교육, 농산물유통(직거래 등)교육, 선진지 견학 등과 시군지부 단위의 품목별 전문화교육 등을 들 수 있다.

② 농협운동 및 사업교육

농협운동 및 사업교육은 조합원에게 협동조합의 의의와 필요성을 인식시키고 조합에 대한 참여정신과 주인의식을 고취시켜 농협사업 참여도를 제고시키는 교육활동이다. 그 예로 조합단위의 협동조직 활성화교육, 조합원 · 임직원 합동교육, 마을좌담회 등과 시군지부 단위의 조합원 리더 양성교육, 지역농업상생발전교육 등을 들 수 있다.

③ 생활 및 기타교육

생활교육은 농업인 조합원의 삶의 질을 높이고 농촌생활환경을 보다 윤택하게 개선하기 위한 교육활동으로, 조합단위의 정보화교육 및 부녀교실, 주부대학, 노인대학과 시 · 군단위의 연합주부대학 등을 들 수 있다.

3) 교육원 교육

1980년대 초 조합원의 주인의식과 신뢰의 증대가 농협발전의 주요 과제로 부각됨에 따라 농업인들의 농협주인의식 함양을 위한 협동조합이념교육을 강화하고자 1983년 농협경기연수원을 농협지도자교육원(안성)으로, 1984년 농협전북연수원을 농협지도자교육원(전주)으로 개편하였다. 또 1992년 11월에는 영남지역에 농협지도자교육원(창녕)을 개원하여 3개의 조합원교육장을 운영하게 되었으며, WTO체제 출범 원년이자 "교육개혁의 해" 인 1995년 2월 1일부터 "농협세계화농업지도자교육원" 으로 개편하여 교육수준의 세계화와 우리농업의 경쟁력향상에 노력하였고, 1998년 3월 27일부터는 농업환경변화에 능동적으로 대처하기 위하여 농협내 농업지도자교육원(안성, 전주, 창녕)으로 변경하고 2000년 7월 1일 통합중앙회가 출범함에 따라 농협교육원(안성, 창녕)으로 새로운 출발을 하게 되었다.

또한 2006년 3월에는 경주환경농업교육원을 증 · 개축하여 친환경 농업 전문교육원으로 운영하고 있고 2010년 5월에는 안성교육원을 현대식 시설로 개축하였다. 2011년 초 리모델링을 통해 새롭게 도약하는 창녕교육원을 비롯하여 농업인 교육원은 현재 안성, 창녕, 경주 세 곳에서 운영되고 있다.

교육원 교육은 ① 경쟁력을 갖춘 전문농업인 육성 ② 조합원에 대한 농협주인의식고취 ③ 협동조합운동 정신에 투철한 협동농협인 육성에 교육의 목표를 두고 최신 영농기술 및 정보제공으로 농업에 자신감을 부여하고 협동의식과 자립의지를 고취하는 한편, 신지식농업기술경영, 주산지현장 영농기술, 친환경농업, 축산기술경영, 농협운동 확산 등의 교육과정을 운영하여 협동조합에 대한 올바른 이해 도모 및 농업경쟁력 향상에 힘쓰고 있다.

가. 교육의 특성

교육원 교육은 한정된 시설과 교육의 파급효과 등을 감안하여 지도자급 농업인들을 우선적으로 교육하고 있다. 아울러 가능하면 농 · 축협별로 농업인과 임직원이 함께 입교토록 하고 있으며, 일부 교육과정은 지역 민 · 관 · 기관(단체) 관계자가 합동으로 교육을 받게 함으로써 지역적 유대감과 협동심을 고양하고 농업중심의 지역개발을 촉진하고 있다. 강의 일변도의 피동적 교육을 지양 하고 사례발표 · 상호토의 · 현장견학을 강화하여 체험식 · 참여식 교육을 추구함으로써 교육의 효과를 제고하며, 교육효과를 지속시키기 위하여 수료생에 대한 주기적 서신발송 등 사후지도를 실시하고 있다. 특히 농 · 축협간의 자매결연과 동종작목 농가간의 연구모임결성을 유도하여 협동조합간 협동, 농업인간 협동의 장이 되고 있다.

나. 교육운영

○ 경제사업 활성화 과정

농 · 축협 핵심리더의 경제사업 마인드 및 참여의식 제고를 통한 경제사업 활성화 추구를 위해 경제사업 활성화 핵심리더과정 · 경제사업 활성화 현장교육컨설팅 · 조합사업 활성화과정 · 공선출하회 육성과정 등으로 운영되고 있다.

○ 농업농촌 이해과정

협동조합의 이념과 주인의식이 투철한 협동인 양성을 위한 농협이념 확산교육, 도시소비자 등에 대한 우리농산물 우수성과 안전성을 알리기 위한 우리농축산물바로알기교육 및 귀농을 희망하는 도시민의 성공적인 영농정착을 위한 도시민농업창업과정 귀농 · 귀촌 교육 등으로 운영되고 있다.

○ 영농(양축)기술 경영과정

작목(축종)별 전문농업기술 습득을 통하여 조합원의 농가소득증대를 위한 최고기술아카데미 · 전문농업기술과정, 농업인력의 전문성 제고와 선도농업인 양성을 위한 성공농업경영자과정 · 품목별 최고경영자과정, 축산농가의 소득증대를 위한 축산기술경영교육 · 여성「낙농」최고경영자과정 등으로 구성되어 있다.

○ 농 · 축협경영활성화 과정

농 · 축협자립경영 기반 지원을 위한 경영혁신과정 및 농 · 축협임원의 경영관리 능력 향상을 위한 이사 · 감사 · 대의원 기본과정 등으로 구성되어 있다.

○ 친환경농업기술 및 소비자과정

친환경농업에 대한 전문지식 습득 및 마인드제고를 위한 친환경농업기술 도입인증 · 아카데미 · 축산 · 현장교육 및 농업마이스터대학과정과 임직원 및 소비자를 위한 친환경교육, 친환경유통 활성화 과정 등으로 운영되고 있다.

○ 산학협동교육

농협의 산학협동교육은 앞으로 농촌의 기간요원이 될 농과계 고교생을 비롯하여 대학생, 농과계 교사 · 대학교수 등을 대상으로 농업 및 농촌현실과 농협의 현황 및 사업에 대한 이해를 증진시키는데 목적이 있다. 농고생 농협교육은 1964년부터 전국의 농과계 고등학교 학생을 대상으로 주 1시간 또는 분기별로 시군지부 책임자가 해당 학교에 출강하여 농업경영이나, 농촌현실 및 농협사업소개 등의 교육을 실시해 왔으며, 특히 1987년부터는「우리농업협동조합」 교재를 발간하여 교육효과를 높일 수 있도록 지원한 바 있다.

한편 1980년대에 들어서는 농과계 교사 · 대학교수를 초청해 계통기관 견학과 산학협동에 관한 간담회를 실시하여 농협에 대한 이해를 높이고 산학협동체제를 공고히 하고 있으며, 대학생 하계농촌봉사단의 봉사활동 현장을 조합장 및 시군지부 책임자가 방문하여 농업과 농촌에 대한 올바른 인식을 갖도록 하는 등 상호이해의 폭을 넓혀 나가고 있다. 그 외의 산학협동교육으로는 농협방문 조합원 및 학생에 대한 농협교육, 도시학생에 대한 농협 · 농촌 이해교육, 농업관련인사 농협이해교육 등이 있다.

○ 기타 과정

올바른 농업관 정립 및 농협이해를 위한 일일방문교육, 지역농업발전과 지자체 및 농업관련 유관기관과의 상호협력을 위한 민관합동교육, 기타 조합원을 위한 특별교육으로 운영되고 있다.

2. 우리나라 협동조합의 조합원 교육 현황

(1) 개관

농업협동조합(농협)을 제외한 7개 협동조합의 현행 조합원 교육 형태 및 기타 일반적인 조합원 교육관련 현황을 조사하였고, 아울러「협동조합 기본법」관련 교육시행 여부도 조사해본 결과, 수협중앙회만 농협에는 미치지 못하지만 비교적 조합원 교육을 체계적으로 실시하고 있었고, 나머지 협동조합은 수동적이고 주기적으로 하지 않는 것으로 파악되었다.

가. 협동조합의 조합원대상 교육

수협중앙회를 제외한 대부분의 협동조합들이 조합의 교육신청에 의거 교육을 하거나, 임직원 교육대비 조합원 교육에 그다지 매진하고 있지 않았다.

교육원이란 용어를 사용하는 곳도 있었고, 연수원 또는 인력개발원이란 용어를 사용하는 곳도 있었으며, 특히, 생협은 전국에 산재해 각 연합회로 구성되어 있었고, 연합회 상호간 이질적이라 협력이란 찾을 수 없었고 체계가 복잡한 형태였다.

나. 협동조합 기본법 이해교육 현황

iCOOP생협을 제외하고는 별도 협동조합 기본법 이해교육을 실시하고 있지 않았으며, 단지 수협과 새마을금고 및 중소기업협동조합 중앙회만 협동조합 강의 중에 기본법 관련 내용을 일부 언급하고 있다고 조사되었다.

다. 주요 과정 및 내용

① 협동조합론(정신, 원칙 등)

② 각 협동조합의 필요 기술과정

③ 해당조합의 역사와 취급 상품 설명

④ 조합 경영상황

⑤ 먹거리 및 식생활 문화

⑥ 건강 및 교양

⑦ 조합과 중앙회 화합 등

(2) 수협중앙회 조합원 교육관련 현황

■ 본점 소재지	서울시 송파구 오금로 62
■ 조합원 교육원(연수원) 수(개)	1개
■ 교육원(연수원) 소재지	충남 천안 병천면 봉황로 135
■ 조합 수(개)	전국 92개
■ 조합원 수(준조합원 수)	전국 167,869명(1,319,459명)
■ 교육원(연수원) 교수요원 수	원장 포함 4명(일부 외부강사 활용) 본부 4급 이상 책임자를 강사 활용
■ 연평균 교육횟수(기수)	40회
■ 연평균 수료교육생 수	3,000명
■ 교육형태(당일, 숙식 등)	연수원 입교 1박2일 형태
■ 주요 실시과정(주요 내용)	협동조합론 리더십과정 수산업기술과정 건강, 교양과정 조합과 중앙회 화합 등
■ 협동조합기본법 이해과정 실시 여부 - 미실시 경우 향후 실시 예정 여부	실시하고 있지 않음 별도 계획 없음
■ 협동조합기본법 이해과정 실시내용	미실시 협동조합론 시간에 일부 설명
■ 기타 특이사항	연수원이란 용어를 사용 부족강사는 외부강사 및 본부 4급 이상 책임자를 강사로 활용

(3) 생활협동조합 조합원 교육관련 현황

■ 주요 생활협동조합 종류 및 개수	한국소비자생활협동조합연합회 한국대학생활협동조합연합회 iCOOP연합회(소비자활동/생협사업) 여성민우회생활협동조합연합회
▷ 한국소비자생활협동조합연합회	활동:공정무역,나눔문화 등 회원:한국소비자중앙생협 외 8개
▷ 한국대학생활협동조합연합회	활동:대학구성원의 복지추구 회원:30개(국공립18, 사립12)
▷ iCOOP생활협동조합연합회(양분) - 소비자활동 연합회 - 생협사업 연합회	활동:식품안전,농업과 환경 지킴 회원:전국 73개
▷ 여성민우회생활협동조합연합회	활동:여성인권보장, 식품안전 회원:고양파주여성생협 외 5개
■ 조합원 교육원(연수원) 수(개)	대부분 자체보유 교육장은 없음 각 지역별 센터 활용(공공장소 등)
■ 교육원(연수원) 교수요원 수	상근 교수요원은 없음 생협內 우수활동가 및 외부강사
■ 교육형태(당일, 숙식 등)	당일교육 형태
■ 주요 교육내용	협동조합론(정신 및 원칙 등) 먹거리 및 식생활 문화 취미 소모임 등
■ 협동조합기본법 이해과정 실시 여부	iCOOP소속의 일부생협 등만 지역 주민대상 협동조합기본법 교육 중
■ 협동조합기본법 이해과정 실시내용	협동조합은 무엇인가? 자본주의 시대 협동조합 기업 행복한 복지사회 협동조합으로 등
■ 기타 특이사항	농협 및 수협처럼 체계가 제대로 갖추어지지 않은 자발적 조직

(4) 신용협동조합 조합원 교육관련 현황

■ 본점 소재지	대전시 서구 하발대로 745
■ 조합원 교육원(연수원) 수(개)	1개
■ 교육원(연수원) 소재지	대전시 유성구 동서대로 49
■ 조합 수(개)	전국 955개
■ 전국 조합원 수	600만명(2020년 1,000만명 목표)
■ 교육원(연수원) 교수요원 수	원장 포함 11명
■ 연평균 교육횟수(기수)	조합의 신청에 따라 수동적으로 하여 대중 없음
■ 연평균 수료교육생 수	약 10,000명
■ 교육형태(당일, 숙식 등)	당일 하루 1~2강좌 후 식사 후 귀가 농협 일일방문교육 형태와 유사
■ 주요 실시과정(주요 내용)	협동조합론(정신, 원칙 등) 조합 경영상황 이해 건강, 교양과정 등
■ 협동조합기본법 이해과정 실시 여부 - 미실시 경우 향후 실시 예정 여부	현재는 실시하고 있지 않음 내년도 사업계획에 반영 고려 중
■ 협동조합기본법 이해과정 실시내용	미실시
■ 기타 특이사항	조합원교육을 중앙회 교육부서가 연중계획을 세워 체계적으로 운영하는 것이 아니라 조합이 신청하면 교육을 해주는 수동적 방식임

(5) 새마을금고 조합원 교육관련 현황

■ 본점 소재지	서울시 강남구 삼성동 164
■ 조합원 교육원(연수원) 수(개)	2개 : 교육용 1, 휴양용(제주) 1
■ 교육원(연수원) 소재지	충남 천안 동남구 목천읍 동리
■ 조합(회원) 수(개)	전국 1,432개
■ 전국 조합원 수	1,660만명
■ 교육원(연수원) 교수요원 수	원장 포함 9명
■ 연평균 교육횟수(기수)	약 100기(과정 수 : 33개)
■ 연평균 수료교육생 수	약 15,000명
■ 교육형태(당일, 숙식 등)	대부분 당일교육 형태
■ 주요 실시과정(주요 내용)	협동조합론(법, 원칙 등) 새마을금고역사 금고와 일반은행의 차이점 금고 취급 금융상품 등
■ 협동조합기본법 이해과정 실시 여부 - 미실시 경우 향후 실시 예정 여부	실시하고 있지 않음 별도 계획 없음
■ 협동조합기본법 이해과정 실시내용	미실시 협동조합론 강의 중에 기본법 설명
■ 기타 특이사항	연수원이란 용어를 사용 조합원대신 회원이란 용어를 사용 주로 조합원(회원)교육보다 임직원 교육을 많이 함

(6) 엽연초조합 조합원 교육관련 현황

■ 본점 소재지	대전시 서구 둔산2동 1305
■ 조합원 교육원(연수원) 수(개)	1개
■ 교육원 소재지	대전 대덕구 읍내동 171
■ 조합 수(개)	전국 15개
■ 전국 조합원 수	전국 4,712명
■ 교육원(연수원) 교수요원 수	원장 포함 4명
■ 연평균 교육횟수(기수)	약 15회(기수당 20~30명 내외)
■ 연평균 수료교육생 수	약 500명
■ 교육형태(당일, 숙식 등)	연수원 입교 1박 2일 현지출장 교육
■ 주요 실시과정(주요 내용)	협동조합론 연초재배 실무위주 교육
■ 협동조합기본법 이해과정 실시 여부 - 미실시 경우 향후 실시 예정 여부	실시하고 있지 않음 별도 계획 없음
■ 협동조합기본법 이해과정 실시내용	미실시
■ 기타 특이사항	교육원이란 용어를 사용 기존 조합원포함 신규 비조합원으로 구성되는 "콩" 을 중심으로 한 새로운 영농법인을 만드는 중 교육원을 폐원할 계획 중에 있음

(7) 산림조합중앙회 조합원 교육관련 현황

■ 본점 소재지	서울시 송파구 석촌호수로 166
■ 조합원 교육원(훈련원) 수(개)	총 3개
■ 교육원(훈련원) 소재지	강릉, 경남 양산, 전북 진안
■ 조합 수(개)	전국 142개
■ 조합원 수	전국 492,000명
■ 교육원(훈련원) 교수요원 수	원장 포함 35명(3개 훈련원 전체)
■ 연평균 교육횟수(기수)	중앙회차원 교육은 3년 주기로 함 - 대상 : 조합 이 · 감사 및 대의원 - 금년은 조합원교육 실시치 않음 조합원교육은 주로 조합자체가 함 - 연 평균 약 5,000~6,000명
■ 교육형태(당일, 숙식 등)	당일 및 숙식(기간 다양) - 1박2일부터 ~ 4주까지 다양함
■ 주요 실시과정(주요 내용)	정책적 교육 많이 함 정부 위탁교육 다수 임업기술 및 임업기계장비 기능
■ 협동조합기본법 이해과정 실시 여부	- 미실시 경우 향후 실시 예정 여부 실시하고 있지 않음, 별도 계획 없음
■ 협동조합기본법 이해과정 실시내용	미실시
■ 기타 특이사항	훈련원이란 용어를 사용 임업을 하려는 일반인 교육도 많음 - 임업기계장비 취급 교육수료증이 필요한 사람 등

(8) 중소기업협동조합중앙회 조합원 교육관련 현황

■ 본점 소재지	서울시 영등포구 여의도동 16-2
■ 조합원(회원) 교육원(인력개발원)	1개(인력개발원)
■ 교육원(인력개발원) 소재지	서울시
회원 수(개)	전국 700여 개
■ 조합원(업체) 수	전국 30,000여 개
■ 교육원(인재개발원) 교수요원	교수는 없고 역량 있는 직원 활용 - 주로 외부강사를 많이 활용
■ 연평균 교육횟수(기수) ■ 연평균 수료교육생 수	주기적으로 하지 않음(필요시 함) 회원(조합업체)의 신청 시 실시
■ 교육형태(당일, 숙식 등)	연수원 입교 2박3일 형태 현지출장 맞춤식 교육
■ 주요 실시과정(주요 내용)	중소기업 직무교육과정 - 총무, 회계 실무 등 협동조합 직무교육과정 기업별 맞춤형 교육과정 등
■ 협동조합기본법 이해과정 실시 여부 - 미실시 경우 향후 실시 예정 여부	실시하고 있지 않음 별도 계획 없음
■ 협동조합기본법 이해과정 실시내용	미실시 협동조합 시간에 일부 설명
■ 기타 특이사항	인력개발원이란 용어를 사용 조합이라는 용어대신 "회원" 사용 부족강사는 외부강사 및 본부 4급 이상 책임자를 강사로 활용

(9) 조합원 교육장(안성, 창녕, 경주) 교육과정

가. 안성교육원

과정명	일수	기수당 인원(명)	교육대상	교육내용
협동조합기본법	1~2	50~150	계통임직원, 조합원, 일반인	○ 협동조합기본법 ○ 한국농협 이해 등
농협이념핵심가치	1	-	전 계통임직원	○ 농협이념(정신) ○ 농협 핵심가치
경제사업활성화 핵심리더	2	150	임원, 대의원, 조직장, 직원	○ 협동조합이념, 주인의식 ○ 조합사업 전이용 ○ 경제사업활성화 전략
주산지현장영농 기술	2	100	주산지 조합원	○ 영농재배기술 ○ 병충해 예방
공선출하회육성	2	100	공선출하 회원	○ 산지유통 ○ 유통환경변화와 정책방향
농 · 축협이사기본	3	150	조합 초선이사	○ 협동조합 경영관리 ○ 이사의 기능과 역할
농 · 축협이사기본	3	150	조합 초선이사	○ 협동조합 경영관리 ○ 감사의 기능과 역할
임원리더십향상	3	150	재선 이감사	○ 이 · 감사 역량강화
최고기술아카데미	3	15	선도농업인	○ 재배기술 ○ 상호학습(토론) ○ 현장학습
최고기술아카데미 향상	2	30	아카데미 수료생	○ 유통정보 ○ 상호학습(토론)
농협핵심리더 테마체험	2	100	농 · 축협 핵심리더	○ 농협 전이용 교육 ○ 협동조합의 이해 ○ 체험학습
조합사업활성화	2	100	농 · 축협 핵심리더	○ 농협 전이용 교육 ○ 협동조합의 이해
핵심축산기술	2	50	한우번식농가	○ 인공수정 실습

과정명	일수	기수당 인원(명)	교육대상	교육내용
전문농업기술	3	100	선도농업인	○ 재배기술 ○ 수확 후 관리기술 ○ 유통환경 및 현장학습
성공농업경영자	2	30	선도농업인	○ 성공농업인 역량강화 ○ 문제해결기법 ○ 리더십 향상
우리농축산물 사랑 소비자	2	200	도시소비자	○ 우리 농축산물 올바른 이해 ○ 소비촉진
사과최고경영자	2~3	30	사과 선도농가	○ 재배관리 ○ 마케팅 및 품질관리 ○ 현장컨설팅
새농민경영자	2	30	새농민본상 수상자 부부	○ 농업경영
우리농축산물 바로알기	2	200	영양사, 조리사	○ 우리 농축산물 올바른 이해 ○ 소비촉진
민관합동	2	200	공무원,지역농업단체장,농협 임직원	○ 지역농업의 이해 ○ 시 · 군 금고계약 지원
도시민농업창업(과수)	8주	25	귀농 희망자	○ 귀농 · 귀촌 기초이론 ○ 귀농 · 귀촌 체험실습
신소득작물	3	100	산채재배농가	○ 재배기술 ○ 병충해관리
한우후계자육성	3	70	한우 후계자	○ 사양관리
전국새농민회	2	250	새농민회 회원	○ 경영관리
꿈나무금융경제 가족캠프	3	40	4~6학년초등 학생, 학부모	○ 테마체험 금융교실
공선출하회핵심리더	3	100	공선출하회 회원	○ 현장학습 ○ 유통이론
귀농귀촌향상	2	25	귀농교육 수료생	○ 귀농정보 교환 및 실습

나. 창녕교육원

과정명	일수	기수당 인원(명)	교육대상	교육내용
협동조합기본법	1~2	50~150	계통임직원, 조합원, 일반인	○ 협동조합기본법 ○ 한국농협 이해 등
농협이념핵심가치	1	-	전 계통임직원	○ 농협이념(정신) ○ 농협 핵심가치
농 · 축협이사기본	33	150	조합 초선이사	○ 협동조합이념 이해 ○ 이사의 역할과 자세 ○ 농협법 및 회계원리
농 · 축협감사기본	3	150	조합 초선감사	○ 농협법, 감사실무, 회계 ○ 감사의 역할과 자세
임원리더십향상	2	150	재선 이사,감사	○ 임원 리더십 ○ 창조경영
농 · 축협대의원	2	150	조합 대의원	○ 협동조합이념 이해 ○ 대의원의 역할과 자세 ○ 조합 경영원리의 이해
농 · 축협경영혁신	2	200	임원, 대의원, 내부조직장	○ 협동조합이념 이해 ○ 조합원의 역할과 자세 ○ 조합사업 활성화 방안
농 · 축협역량강화	3	15	핵심조합원	○ 농협이념 이해
핵심조합원 리더십 향상	2	80	핵심조합원	○ 농협이념 이해 ○ 대인이해/관계형성 역량
맞춤형 현장교육	1	150	조합원	○ 수요자 중심 맞춤설계 교육
경제사업활성화 핵심리더	2	200	핵심조합원	○ 협동조합이념 이해 ○ 경제사업활성화 전략 ○ 조합원의 역할과 자세
경제사업활성화 현장컨설팅	1	150	핵심조합원	○ 협동조합이념 이해 ○ 경제사업활성화 전략 ○ 유통활성화 방안
여성조직운영 활성화	3	200	농주모, 고주모 부녀회	○ 협동조합이념 이해 ○ 여성지도자의 자세 ○ 여성조직육성 방안

과정명	일수	기수당 인원(명)	교육대상	교육내용
여성리더역량강화	3	200	조합 여성임원, 대의원	○ 임원, 대의원의 역할과 자세 ○ 여성지도자의 변화관리
지역농업발전 민관합동교육	2	200	도,시,군 단위 농업인, 유관기관, 농협임직원	○ 지역농업발전 방향 ○ 리더의 역할과 자세 ○ 농업 · 농촌 · 농협 이해 ○ 지역민과의 상생 방안
소비자교육	2	150	초,중,고교생, 영양사, 학부모	○ 농업 · 농촌 · 농협 이해 ○ 우리 농축산물 애용 홍보
농협이념확산	1	150	농협퇴직동인	○ 농협이해 및 홍보
귀농 · 귀촌 교육	45일	30	귀농 · 귀촌인	○ 농업 · 농촌 이해 ○ 귀농성공전략 ○ 기초농업 기술 ○ 선도농가 체험

다. 경주교육원

과정명	일수	기수당 인원(명)	교육대상	교육내용
협동조합기본법	1~2	50~150	계통임직원, 조합원, 일반인	○ 협동조합기본법 ○ 한국농협 이해 등
친환경농업 도입과정	2	60	친환경도입 희망 농업인, 작목반	○ 친환경농업의 필요성과 전망 ○ 토양관리 및 병충해방제 ○ 친환경 실천사례
친환경농업 인증농가	3	60	저농약인증농가 무농약인증농가	○ 친환경적인 토양관리 ○ 자연자재활용 병충해방제 ○ 수확 후 관리기술 ○ 상품화 전략 ○ 유통 및 마케팅전략
친환경농업 아카데미	3	60	무농약인증농가 유기인증농가	○ 친환경적인 토양관리 ○ 자연자재활용 병충해방제 ○ 친환경농산물 마케팅전략 ○ 친환경농자재 조제실습 ○ 리더십 및 경영능력 향상
친환경농업 축산과정	2	60	축산농가	○ 친환경축산의 필요성 ○ 축산정책 ○ 친환경축산 실천사례
친환경농업 현장교육	1	150	친환경 도입 및 확산을 위한 시군지부 및 조합	○ 친환경농업의 필요성과 전망 ○ 친환경적인 토양관리 ○ 친환경 병충해 방제 ○ 친환경농자재 활용 및 조제
마이스터대학 (농민사관)	40	20	무농약이상 인증 받은 농업인 중 친환경채소 재배 농업인	○ 친환경농업 실천 필요성 ○ 친환경농업 정책 ○ 원예작물 천적방제기술 ○ 친환경농산물 마케팅전략 ○ 현장교육 및 해외연수 ○ 토론 및 사례발표
친환경농업 그린마케팅	2	30	저농약이상 친환경인증농업인, 시장·군수추천을 받은 이	○ 친환경농업 육성정책 ○ 친환경 인증 및 관리제도 ○ 친환경적인 토양관리 ○ 친환경농자재 조제 실습 ○ 마케팅전략, 유통활성화 방안 ○ 소비자가 원하는 농산물

과정명	일수	기수당 인원(명)	교육대상	교육내용
친환경농업 임직원과정	2	60	중앙회 및 조합 임직원	○ 친환경농업 정책 및 추진방안 ○ 친환경농산물 인증 및 관리 ○ 친환경농업 유통 활성화 ○ 상호학습 및 현장견학
친환경농업 CEO과정	2	60	조합장, 부서장, 시군지부장	○ 친환경농업 정책 및 추진방안 ○ 친환경농산물 인증 및 관리 ○ 자체사례 발표 등
친환경농업 소비자과정	1	60	농협고객 직원가족 도시주부	○ 친환경농업의 올바른 이해 ○ 친환경농장 견학 및 농촌체험 ○ 친환경 생활체험
친환경명품 귀농과정	2	30	귀농 · 귀촌인	○ 농업 · 농촌의 올바른 이해 ○ 귀농 · 귀촌 성공사례 ○ 기초 영농기술 ○ 성공농업인 농장견학 ○ 농촌관광사업 추진 우수마을 견학

[참고문헌]

권영대, 『신협교육론』, 신용협동조합중앙회, 1990.

김현대 · 하종란 · 차현석, 『협동조합, 참 좋다』, 푸른지식, 2012.

스테파노 자마니 · 베라 자마니, 『협동조합으로 기업하라』, 송성호 역, 북돋움, 2012.

신성식, 『협동조합 다시 생각하기』, 알마, 2014.

윤형근, 『협동조합의 오래된 미래 선구자들』, 그물코, 2013.

전성군, 『힐링 경제학』, 이담북스, 2013.

조지 제이콥 홀리요크, 『로치데일 공정선구자 협동조합』, 정광민 역, 그물코, 2013.

진흥복, 『개정 협동조합론』, 선진문화사, 1991.

기획재정부, 「협동조합기본법 합동교육(교재)」, 2012.02.

김두년, "협동조합기본법의 필요성과 입법구상", 「한국협동조합연구」 제20집 제1호, 한국 협동조합학회, 2002.07.

김두년, "세계협동조합법의 신조류-협동조합기본법을 중심으로", 「비교사법」제9권 2호, 비교사법학회, 2002.08.

농협중앙회, 「협동조합론」, 2014.

농협중앙회, "세계협동조합법의 입법동향", 농협조사월보, 2000.9.

농협중앙회, "일본협동조합법의 구조와 연혁", 농협조사월보, 1994.10.

농협중앙회, "협동조합법의 국제비교 - 통일협동조합법 관계를 중심으로", 농협조사월보, 1998.12.

송성호, "협동조합 경영은 주식회사 경영과 어떻게 다를까?",「협동조합네트워크」, 2013.

신기엽, "협동조합 길라잡이", 농협경제연구소, 2010.

양승두, "협동조합법에 관한 비교법적 연구", 「연세행정논총」제9집, 연세대학교행정대학원, 1983.

오덕화 · 전성군, "3분 스피치 100선", 2009.8.

이진산, "농업협동조합법제의 체계", 「2015 조합장 CEO성공경영전략과정」, 2015.

장원석 · 임진창 · 김명규, "단일협동조합 제정의 필요성과 찬반논리", 「농업경제연구」제33

집, 한국농업경제학회, 1992.12.
전성군, "이해관계자 협동조합사례", 농협중앙교육원, 2003.5.
전성군, "최신협동조합론", 한국학술정보, 2008.8.
전성군, "실전협동조합교육론", 한국학술정보, 2014. 3.
전성군, "협동조합지역경제론", 한국학술정보, 2012.12.
전성군, "농업 농협 논리 및 논술론", 한국학술정보, 2012.3.
전성군, "스마트 생명자원경제론", 한국학술정보, 2014.11.
정상훈, "사회적 경제 인재육성의 중요성과 육성 방향", 「협동조합네트워크」, 2014.
채성훈, "국내 생협의 사업 특징과 시사점", 농협경제연구소, 2013.
한국협동조합연구소(www.coops.or.kr), 조합원을 위한 농업협동조합의 이해교재. 2015.
山岡英也, "協同組合法の國際比較 - 統一協同組合法との關連を中心に-", 「研究月報」(協同組合經營研究所), No.541, 1998.10
炭本昌哉, "協同組合運動の新しい動向と統一協同組合法", 「協同組合研究」(日本協同組合學會), 第17卷 第1號(通卷39號) 秋季號, 1997.9.

세계 대표 기업들이 협동조합이라고?

초판 1쇄 인쇄 2015년 08월 30일
1쇄 발행 2015년 09월 15일

지은이 전성군 · 송춘호
발행인 이용길
발행처 모아북스 MOABOOKS

관리 정윤
디자인 이룸

출판등록번호 제 10-1857호
등록일자 1999. 11. 15
등록된 곳 경기도 고양시 일산동구 호수로(백석동) 358-25 동문타워 2차 519호
대표 전화 0505-627-9784
팩스 031-902-5236
홈페이지 www.moabooks.com
이메일 moabooks@hanmail.net
ISBN 979-11-5849-009-6 03320